大学生体育训练理论与实践

张 淼 著

天津出版传媒集团
天津科学技术出版社

图书在版编目(CIP)数据

大学生体育训练理论与实践 / 张森著. -- 天津 : 天津科学技术出版社, 2020.2

ISBN 978-7-5576-7396-3

Ⅰ. ①大… Ⅱ. ①张… Ⅲ. ①大学生–运动训练 Ⅳ. ① G808.17

中国版本图书馆CIP数据核字(2020)第036500号

大学生体育训练理论与实践

DAXUESHENG TIYU XUNLIAN LILUN YU SHIJIAN

责任编辑：吴文博

责任印制：兰　毅

出版：天津出版传媒集团

　　　天津科学技术出版社

地址：天津市西康路 35 号

邮编：300051

电话：（022）23332377

网址：www.tjkjcbs.com.cn

发行：新华书店经销

印刷：天津市隆达印刷有限公司

开本 787 × 1092　1/16　印张 6.75　字数 100 千字

2020 年 7 月第 1 版第 1 次印刷

定价：50.00 元

前　言

伴随着现代体育训练的兴起与发展，人们对体育的理解也不断加深。体育不仅是身体运动，也是教育，更是文化，它是一种有意识地以训练实践为手段，强健体魄，促进人全面发展的社会文化现象；它不仅能增强人们的体质，而且能锻炼人们坚韧不拔的意志，培养人们吃苦耐劳的精神。体育训练对于倡导积极健康的生活方式、构建和谐社会，都有着不可低估的作用。

大学生体育训练作为现代体育和高等教育的重要组成部分，是培养全面、自由、和谐发展人才的重要内容，是造就一代有竞争力、创造力且高素质的有用人才，提高当代大学生身心健康的有效渠道。它对于培养当代大学生终身体育意识、激发大学生对体育的参与及热情，都有着极其重要的意义。大学体育训练的目标是使大学生养成终身体育锻炼的习惯。

鉴于此，本书围绕大学生体育训练理论与实践，首先以大学生体育教学的现状为背景，大学生体育训练的重要性为切入点，论述培养大学生体育训练自主意识与兴趣的途径；其次在大学生体育训练的实践上，针对力量、速度、耐力、柔韧、灵敏、身形素质训练方面进行详细探讨；最后着重研究以微信、野外训练和拓展训练为例的创新性大学生体育训练方法。

本书着眼于大学体育训练的发展，力求最大程度地提高读者的理论水平和实践能力。此外，本书文字表述清晰，结构层次分明，逐步深入，具有较强的可读性，并针对大学生的身心特点，把体育基础理论知识和运动实践结合起来，强化健身性和实用性。

本书在撰写的过程中得到许多专家学者的指导和帮助，在此表示诚挚的谢意。由于学术水平以及客观条件的限制，书中所涉及的内容难免有疏漏之处，希望读者能够积极批评指正，以待进一步修改。

作　者

2019 年 7 月

目 录

第一章 绪 论

大学生体育训练是为了达到国家规定的学生体质健康标准开展的全国性体育运动普及和发展活动，对于提高全社会公民的身体素质有着非常重要的意义。鉴于此，本章主要探讨大学体育教育、体育与大学生活、大学体育与健康、体育与未来人生。

第一节 大学体育教育

在政治家的眼里，体育是政治，因为体育可以激发起一个国家民众强大的爱国热情和民族的自豪感。在经济家的眼里，体育是商业，因为在世界体育大国中，体育产业已成为国民经济的支柱产业。在生物学家眼里，体育是生命，因为体育是人类作为自然界一种物种生命力的象征。在诗人的眼里，体育是一首流动的诗，因为在体育中到处洋溢着激情、和谐与美丽。在医学家眼里，体育是健康，因为体育是人类预防疾病，保持身心健康和长寿最积极、最有效的手段。

一、体育文化的概述

我国的“体育”一词是 19 世纪从日本引进，由“physical training；physical education；physical culture”这 3 个英文单词翻译而来。这 3 个英文单词的中文意思分别是身体训练、身体教育和身体文化。综合其英文本意，即是对身体的培育。

而“文化”就是“人化”，所谓“人化”，是指人在认识、改造客观世界和主观世界的实践过程中，使自然打上符合人们主观要求的印记。人对自然超越、战胜的过程和人对自身超越、战胜的过程就是人类的文化过程。

“体育”作为人对自己身体和精神的有目的、有意识地培育或改造活动，毫无疑问也是一种对人自身的“人化”，它一开始就是超越本能和自然的实践活动。在这种活动中，人既是活动的客体，也是活动的主体，活动的结果是人不断发展完善起来的身体以及不断增长的精神能力。

因此，体育的本质是文化。体育文化是介于物质文化和精神文化之间，或广义文化和狭义文化之间的“中义文化”。体育文化是关于人类体育运动的物质、制度、精神文化的总和。它大体包括体育认识、体育情感、体育价值、体育理想、体育道德、体育制度和体育物质条件。一般包括体育物质文化、体育制度文化和体育观念文化三个层面。在体育生活中，体育文化不仅要满足人的自然本能的需要，还要满足人们对体育文化的社会心理需要。比如，通过体育去缓解现代人的社会心理压力，需要在体育过程中寻找自我、实现自我、超越自我。正因为体育文化能够满足人的生理、心理需要，才使体育与人之间形成了稳定的价值关系。体育文化就是人在人类社会活动中和体育活动中所建立起来的一整套规范体系和价值体系，以及体育活动的方式和设施等。它主要满足人自身的身心需要，是改造自身的文化类型，是文化的重要组成部分。[①]

由此可见体育文化是由体育物质文化、体育制度（或规范）文化和体育精神文化三大层面组成。所谓体育物质文化即人们在从事体育运动时所需要的运动场地、器材、服装、科研设备以及运动技术等；体育制度（规范）文化主要指体育理论、制度以及各种体育组织；而体育精神文化主要包括体育价值观念、体育审美情趣、体育道德情操，如奥林匹克精神、奥林匹克原则等。

体育文化随着人类社会的产生而产生，随着人类社会的发展而发展，体育的社会职能也有一个不断发展、变革的过程。体育文化实质上是一种以最广大人民群众的生存、享受、发展需要为出发点和归宿点的文化形态，它的发展始终都体现着一种人文的本质和精神。体育是博大精深的中华文明的重要组成部分。孔子总结了“礼、乐、射、御、书、数”的六艺教育，证明在春秋以前已经有了德、智、体、美等各方面的教育。中华民族在几千年的劳动和斗争中创造了丰富多彩的以健身修身为特点的民族传统体育文化，强健了民族的体魄和精神，也塑造了民族的性格。

随着人类物质文明的不断进步和主体意识的日益觉醒，21 世纪的体育将更加鲜明地凸显其应有的人文本质和精神。社会繁荣昌盛和快速发展的趋势，使人们越来越深刻地认识到体育的文化价值和各种功能，越来越深刻地认识到健康对人类的重要，越来越努力地去推动体育的发展。正是因为体育文化具有健身性、竞争性、娱乐性、教育性、民族性和时代性等多种特征，它在培养人才、发展科学、直接为社会服务和引导社会前进等方面才具有其他文化所不可替代的功用。

狭义的体育指的是体育教育过程，从这个角度去认识体育文化，体育文化则是：以身体练习为基本手段，增强人的体质，提高运动技术水平，丰富社会文化生活的一种有目的、有意识的活动，及其赖以实现的物质手段、社会思想、社会关系的总和。它是指任何一种通过身体运动谋求个体身心健全发展的竞技性、表现性、娱乐性、教育性的社会活动。它贯穿在人的终生教育之中，而学校体育则是人生体育教育全过程的主要阶段和重要阶段。

① 吴宾，姚蕾，仇军．大学生体育素养培育模式的实证研究——以天津工业大学为例 [J]. 体育学刊，2019，26（3）：121–127.

二、大学体育教育的科学理念

进入知识经济时期以来，人们对学校体育赋予了新的认识，学校体育对学生成长时期的健康发展有着重要的影响，学校体育在担负改善学生体质体能重要任务的同时，还应该同时关注学生在生理、心理方面的健康成长。大学体育教育应体现“健康第一”“以人为本”“终身体育”的科学理念。

（一）健康第一

当今世界科学技术突飞猛进，国力竞争日趋激烈。而国力竞争实质是国民素质的竞争，其关键在于学校能否培养适应现代化要求的高素质的劳动者和接班人。然而，在应试教育的影响下，大多数学校重智育，轻体育，只看分数，不管素质。学生学习任务繁重，睡眠与运动严重不足，综合素质全面“滑坡”。所以在 1999 年 6 月召开的第三次全国教育工作会议上发布了《关于深化教育改革，全面推进素质教育的决定》（以下简称《决定》）。《决定》中明确提出“健康体魄是青少年为祖国和人民服务的基本前提，是中华民族旺盛生命力的体现，学校教育要树立‘健康第一’的教育指导思想，切实加强学校体育工作，使学生掌握基本的运动技能，养成坚持训练身体的好习惯。”体育课程作为学校教育的一个重要组成部分，担负着增进学生健康的重任。因此，学校应牢牢树立“健康第一”的指导思想。

“健康第一”的指导思想是根据当前教育现状，为纠正应试教育的偏差，全面推进素质教育，培养德、智、体全面发展人才的需要而提出的一个教育理念。它包括人体生理、心理和社会适应能力的三维健康观。

（二）以人为本

“以人为本”是现代教育的基本价值观，它把教育和人的幸福、人的自由、人的尊严、人的终极价值联系起来，以人文精神培养人，以全面发展的视野培养全面发展的人。

随着科学技术的发展，人们在享受科学进步给人类生产和生活带来舒适与便利的同时也会因脑力劳动强度越来越大，分工会越来越细，社会竞争越来越激烈，都市化程度越来越高，以及人与人之间的交流和日常的体力活动越来越少等诸多问题所带来的身心健康问题。人力的主要作用不再是为社会生产发展提供动力，随着人们在社会生产和生活中体力作用的减少，身体活动的方式也越来越简单，肢体的活动方式也必然从多种类型的活动向单一重复性的活动转变，从大肢体的粗放型活动向小肢体的精细型活动转变，社会生产和生活对人体的改造重点也将从全身转向局部性组织器官和局部器官的某一功能。

“以人为本”就是以学生的全面发展为本。“以人为本”的教育理念给教育者提出的“为了一切学生，为了学生的一切”的要求。从这个意义上说，严格要求大学生养成“每天应训练一小时”的生活习惯，这就是“以人为本”教育理念在体育教育中的最好体现。

（三）终身体育

终身体育是指在人的一生中都要进行身体训练和接受体育教育的指导，它是终身教育的组成部分。20 世纪 60 年代末，一些国家的体育学者受终身教育思想的影响，根据人体自身发展的规律和体育训练的作用以及现代社会发展的需要，提出了“终身体育”的思想。这一思想得到了世界上许多国家体育学者的赞同，并逐渐形成一种新的体育思想和体育实践。在多年的体育实践中，人们认识到，终身体育是健康的基础，它对人们各个不同时期的身体健康，都具有积极的影响。在生长发育时期，可以促进身体正常的生长发育；在成熟期，可使人保持充沛的体力与旺盛的精力；在衰退期，可以延缓衰老，延年益寿。根据“用进废退”的生物进化理论，体育训练应当伴随人的一生。

学校体育是终身体育的基础。从终身体育的范围看，它包括家庭体育、学校体育、社会体育。学校体育阶段正是学生进入青春发育期的关键时期，也是有目的、有计划、系统地全面训练身体，促进身心健康，掌握体育知识、技术、技能，养成训练身体的习惯，培养体育意识的重要时期。这个时期，身体发育得如何，体育意识培养得怎样，将直接影响着人的一生。学校体育在终身体育的整个体系中起着承上启下的作用，是终身体育的重要环节，也是人们奠定终身体育基础的关键时期。因此，要从思想上认识到终身体育的重要性，珍惜学校体育，热爱学校体育，养成良好的运动习惯，积极投身到科学、文明和健康的体育训练之中，为终身体育打下牢固的基础，以“每天训练一小时”的健康生活方式帮助自己成全社会和千万个家庭赋予的重要使命。

三、大学体育教育和校园体育文化

（一）大学体育教育

作为教育的一个重要方面，学校体育承载着增强学生体质，培养竞争意识，树立现代健康观的教育重任。对于正处于生长发育阶段的学生来说，学校体育对学生的身心发展乃至一生都有着极大的影响。突出“以人为本，健康第一”的指导思想，不仅要向学生传授体育的知识、技术、技能，增强学生的体质，促进学生身体的全面发展，提高学生的心理健康水平，养成良好的体育习惯。而且要将体育作为增进健康的思维方式、行为方式和生活方式传授给学生，使其终身受益。

体育在人的生命全过程中，是一项完善人类体质的系统工程。因此，大学体育培养人的目标不仅要着眼于现在，而且要放眼于未来，不仅要收到近期效益，而且要获得终生效益和社会效益。所谓近期效益就是学生在大学期间通过体育训练，能有健康的体魄和充沛的精力来完成学业。所谓终生效益和社会效益就是大学生在走上社会后，能够根据客观环境的变化，积极地、经常不懈地进行体育训练，来调适和缓冲心理矛盾冲突，弥补其体力不足所带来的危害。与此同时，还能以本身的社会行为自觉地引导、动员和组织身边的人参与体育健身活动，这也是现代社会大力倡导的终身体育观念。

将终身体育的健康理念和科学的训练方法引入大学的体育课堂，它要求全体学生通过系统的学习，正确认识体育与健康的关系，掌握人体健康自我监测与自我评价的方法，结合个人的身体状况和特点选择合适的体育训练项目，养成终身训练的良好习惯。这就是当前大学体育教育对当代大学生的基本要求。大学的体育教育应着重培养学生终身体育的意识、习惯和能力，促进学生积极参加体育训练，养成经常训练身体的习惯，提高自我保健能力和体质健康水平，最终形成坚强的意志和健全的人格以及良好的社会适应能力。具有终身体育的意识和习惯将会成为大学生人生中一笔可供终身受用的财富。

随着社会上“健康热”“运动热”等潮流的涌进，大学生也逐渐认识到健康的重要性，认识到体育运动是最好的健康手段，认识到强健的体魄对日后工作、学习和继续发展的影响。重视体育课，主动进行体育训练正在逐渐成为大学生自觉的行为和生活习惯。

（二）校园体育文化

1. 大学体育课程

大学体育课程的教学由运动实践课和体育理论课教学两部分组成。运动实践课以体质体能的改善和提高为中心，在改善和提高体质体能的基础上，学生在教学中可以根据自身的体质条件和运动爱好在学校设置的运动项目内，自主选择学习的项目，以满足自己个性化学习和发展的需要，达到最好的学习和训练效果；体育理论课的教学则采用集中授课的方式，讲授与学生身心发展密切相关，贴近实际生活的健康知识与方法，帮助学生通过学会科学的身体训练来增进自己的健康。

为有效实现学校体育的教育目标，仅靠课内有限的教学时数是远远不够的，将体育课内的教学与课外、校外的体育活动进行有机的结合，与社会体育紧密地联系在一起，有目的、有计划、有组织地进行课外体育训练，将校外体育活动、体育运动训练等纳入课程计划之内，形成课内外一体化的课程结构是全面实现学校体育教育目标的需要和过程。

2. 大学体育文化

大学校园体育文化是一种有着深刻内涵和丰富外延的独特文化现象。它是具有大学校园特色和健康生活气氛的一种大众文化，具有较高的层次和品位，集竞技、健身、消遣、娱乐、审美、传播文化等功能于一体，已经成为大学生余暇生活中的一项重要内容。加强大学校园体育文化的建设对于提高校园文化质量以及促进学生终身体育意识的培养具有重要意义。

校园体育文化活动，它是以学生为主体，以课内、外体育文化活动为主要内容，以校园为主要空间，以校园精神为主要特征的一种群体文化。其表现形式和内容有：早操、课外群体活动、体育文化节、体育竞赛活动、校代表队训练、体育表演观赏、体育知识讲座、体育设施建设。

校园体育文化的各种内容和表现形式，所体现的既是体育又是文化，既是训练又是娱乐，既是运动又是教育，既是观赏又能参与的一种特殊的校园文化现象。这种文化氛围的形成，对大学生广泛参与体育训练以及促进身心的健康发展有着良好的潜移默化作用，是提高大学生综合素质的有效手段。

由于校园体育文化这种特定的文化氛围是和学校的培养目标、校纪校风、生活方式等内容紧密联系在一起的，它可以约束各种不文明行为的发生。因此，它对维护一所学校的教学秩序和管理工作以及对学生的教育都具有一定的导向作用。

开展校园体育文化活动是实现学校体育教育目标的重要途径，是培养学生“终身体育”和“健康第一”思想的重要环节。竞争是体育的灵魂，校园的体育竞赛活动对大学生竞争意识和观念的培养具有任何其他文化活动所无法取代的作用；在校园体育文化活动中，通过校际和社会间的交流和接触，可以开阔学生的视野，增进学生对社会的了解，提高学生在不同社会环境中的适应能力和交往能力；大学生在参与校园体育文化活动的过程中，其自由和个性可以得到充分的释放，自身的价值和尊严能够得到充分的体现，本能意识和技能水平可以得到充分的发挥，从中得到的是快乐和健康。综上所述，校园体育文化对大学生的成长具有其特有的导向和教育作用，对大学生民族竞争意识和竞争能力的培养，以及强身健体等方面都具有其他文化活动所无法替代的作用。

第二节　体育与大学生活

体育是促进人类社会向前发展和加速现代化进程的一种健康的力量。世界卫生组织早在20世纪末就提出了“以积极生活，体育为健康”的口号，并启动了“全球积极生活运动”。“积极生活”就是每人在日常生活中积极从事身体运动，是将体育活动融入日常生活的一种生活方式。以“阳光体育、健康生活”为主题的校园体育活动，正以多姿多彩的内容和形式吸引着越来越多的大学生，体育成为大学生生活中的重要内容。

健康的生活方式是获取健康、减少疾病最简便易行、最经济有效的途径，也是形成积极向上的生活态度的最好方法。健康的生活方式包括：合理膳食、适量运动、改变不良行为、保持平衡心态、自觉保护环境、学习健康知识等。

生活需要体育，健康离不开体育。大学阶段，学生的身体发育接近完成，主体意识大大增强，接受新观念、新理论的能力也处于最佳状态，这时重点发展学生的运动素质和专业适应能力、培养学生的健康意识和体育健身、健美、娱乐的能力，提高学生的体育素养是大体育的核心和重点。

大学体育是终身体育的关键环节和基础阶段，提高大学生的体育素质直接关系到大学生现实的生活质量，也影响到大学生以后的事业和人生幸福。世界上许多著名人物在学生时代就形成了健康的生活方式，把体育训练作为自己生活的一部分。[①]

第三节　大学体育与健康

一、大学体育与身体健康

（一）身体健康的内涵

1. 健康的基本概念

健康是一个动态概念，人类对健康的认识是以人类的科学进步、以对人类自身的认识和了解为基础的。早在古希腊时代，医生就相信健康是身体的完全平衡。心理的“七情”（喜、怒、忧、思、悲、恐、惊）和环境中的“六淫”（风、寒、暑、湿、燥、火）对健康和疾病均有重要影响。自古以来人们把健康与疾病视为互补名词，认为没有疾病就是健康，生病就是不健康。甚至直到今天，仍有许多人持有这样片面的健康观。

然而，随着社会的发展和科学技术的进步，人们完全突破了原先的思维模式，对健康的概念有了新的认识。健康不仅是免于疾病和衰弱，而且是保持体格方面、精神方面和社会方面的完美状态。人类的健康与生理的及社会的因素是无法分开的，形成了全新的生物、心理、社会的医学健康模式。现代人的 10 条健康标准，见表 1–1 所示[②]。

表 1–1 现代人的 10 条健康标准

类型	序号	健康的主要表现
心理健康与社会适应	1	有足够充沛的精力，能从容不迫地应付日常生活和工作的压力而不感到过分紧张
	2	处事乐观，态度积极，乐于承担责任，事无巨细，不挑剔
	3	善于休息，睡眠良好
	4	应变能力强，能适应环境的各种变化
躯体健康	5	能够抵挡一般性感冒和传染病
	6	体重得当，身体均匀，站立时头、肩、臀位位置协调
	7	眼睛明亮，反应敏锐，眼睑不易发炎
	8	牙齿清洁，无龋齿，无痛感，齿龈颜色正常，无出血现象
	9	头发有光泽，无头屑
	10	肌肉、皮肤富有弹性，走路感觉轻松

2. 亚健康的基本概念

“亚健康”状态是指机体虽无明确的疾病，却呈现生活能力降低，适应能力呈不同程度减退的一种生理状态，是由机体各系统的生理功能和代谢过程功能低下所致，是介于健康与疾病之间的一种生理功能低下的状态，国外也称“第三状态”或“灰色状态”。

“亚健康”状态是一种动态的，它既可以发展为第二状态——生病，也可以通过心理、

① 黄美蓉，张艳平，SUN Haichun. 基于社会生态模型的我国大学生体育生活化促进机制研究 [J]. 天津体育学院学报，2019，34（1）：14–22.

② 周美如，杨杰夫 . 大学生体育 [M]. 杭州：浙江大学出版社，2013.

生活行为方式改变和体育疗法、药物疗法等恢复到第一状态一 – 健康。亚健康者状态主要表现为人体脏器官功能下降，身体和精神上感觉不适，症状可以单一出现，也可以合并或交替出现，如失眠或嗜睡、健忘、食欲不振、烦躁不安、情绪抑郁；泌尿系统症状、免疫功能降低等。

人体出现“亚健康”状态，主要是由于过度疲劳、身心透支而入不敷出；其次由于不科学的生活方式，如不吃早餐、偏食、暴饮暴食等引起营养不良而使机体失调；再者由于环境污染、接触过多有害物质等。另外，伴随人体生物钟周期低潮或人体自然老化，也可能出现“亚健康”状态。

有效地摆脱“亚健康”的困扰只能改变自己行为或生活方式。例如，保证合理的膳食和均衡的营养；调整心理状态并保持积极、乐观；及时调整生活规律，劳逸结合，保证充足睡眠；增加户外体育训练活动，每天保证一定的运动量等，即形成健康的生活方式。

3. 健康的主要因素

每个人的健康 60% 取决于自己，15% 取决于遗传，10% 取决于社会因素，8% 取决于医疗条件，7% 取决于生活环境和地理气候条件的影响。就个人本身而言，遗传、社会因素、医疗条件、生活环境和地理气候等，都是客观存在、相对固定的因素；至于与自己本身有关的因素中，饮食、运动、情绪和心理变化直接关系每个人每天的物质和精神生活。所以在正常情况下，足以影响健康的关键因素是每日饮食是否适宜，体育训练是否适当，情绪（包括精神和心理状态）是否良好或稳定。人的健康与情绪良好（或稳定）、运动（训练）得当和饮食合理（或适宜）成正比，而与惰性、嗜酒烟成反比。

事实上，当今社会与生活方式密切相关的疾病已经构成了威胁人们健康的主要问题。这些疾病有一个共同的因素，既人们缺乏必要的卫生保健知识、生活方式不健康、不科学。20 世纪 80 年代人们提出“健康促进”的新概念，健康促进是“促进人们提高和控制自己健康的过程”，它肩负着“协调人类与他们所处环境之间的战略，规定个人与社会各自对健康所负的责任”的使命。这表明健康促进更强调改变个人的行为，且注重它与环境保护、社会支持、群体合作之间相互协调所起的社会作用，代表了预防和防护的提高形式，具有比健康教育更广泛、积极的含义。

（二）体育运动对生理健康的主要影响

1. 体育运动对神经系统的主要影响

神经系统是人体运动的“信息网络”，是人体各种机能活动的调节指挥机构。它不仅负责组织和协调骨骼、肌肉和关节的运动，还直接或间接地指挥和调节着人的呼吸、循环、消化、内分泌、排泄等系统的活动。通过神经系统的调节，人体可以对各种环境的变化产生相适应的反应，人体内部与周围环境之间可以达到协调统一，从而使人的生命活动得以正常进行。更为重要的是，神经系统是产生心理活动的物质基础，而复杂的心理活动可使人们成为有深刻的思想、有丰富的感情、有鲜明的个性的社会人。合理的体育运动对神经系统的功能起着全面的促进作用。

（1）提高中枢神经系统的整合功能。体育运动能改善中枢神经系统的整合功能，使其反应灵活迅速、准确协调。体育运动要求身体完成一些比日常生活复杂得多的动作，所以中枢神经必须迅速产生应急性，尽快地动员和发挥各器官、系统的功能潜力，并使之相互协调，以适应机体运动时的各项需求，特别是对能量的需求。在体育运动中，各反射中枢之间和反射弧的各环节之间的联系得以建立，并不断强化、巩固，神经系统的网络化过程形成加速。所有这些都增强了中枢神经系统，包括大脑皮层的功能，从而提高了人的整体反应性、协调性和适应性。

（2）改善脑组织的血液循环，提高大脑工作效率。大脑重量虽只占全身体重的 2%，但其耗氧量却占全身的 1/4，所以脑细胞必须不断地从血液中获取氧。一般来说，如果大脑连续工作 1 小时以上，就容易产生“氧饥饿”，具体表现为接受能力、理解能力和记忆能力下降，思维过程出现干扰信息，或出现思维的间断性空白，以及注意力不能集中，甚至头晕眼胀。而体育运动可促使血液循环加快，在单位时间内流经脑细胞的血液增多，使脑细胞得到更多的养料和氧气，能迅速将代谢产物排除，有利于消除疲劳，使头脑清醒，思维敏捷，提高学习效率。另外，体育运动还可以加强对脑细胞的良性刺激，维持中枢神经处于一定程度激活状态，维持甚至增强其应急能力，增强大脑活力，有效推迟脑组织的衰老，防止功能性神经衰弱疾病地发生。

2. 体育运动对运动系统的主要影响

如果说大脑是人体的司令部，它通过神经系统传递信号，那么，运动系统就是身体活动的执行者。骨骼是人体的支架，关节是连接骨与骨之间的枢纽，肌肉附在骨骼上，在神经的支配下，通过肌肉交替收缩和放松，使关节完成屈伸、展收、旋转、环转等各种动作。

（1）体育运动对骨的影响。长期从事体育运动，通过改善骨的血液循环，加强骨的新陈代谢，可使骨径增粗，骨质增厚，骨质的排列规律、整齐，并随着骨形态结构的良好变化，骨的抗折、抗弯、抗压缩等方面的能力都有较大提高。从事体育运动的项目不同，对人体各部分骨的影响也不同。经常从事以下肢活动为主的项目，如跑、跳等，对下肢骨的影响较大；而从事以上肢活动为主的项目，如举重、投掷等，对上肢骨的影响较大。体育运动的效果也不是永久的，当体育运动终止后，运动引起的骨的变化就会逐渐消失，因此，体育运动应该经常化。同时，体育运动的项目要多样化，以免造成骨的畸形发展。

（2）体育运动对关节的影响。科学系统的体育运动，既可以提高关节的稳定性，又可以增加关节的灵活性和运动幅度。体育运动可以增加关节面软骨的厚度，并可使关节周围的肌肉发达、力量增加、关节囊和关节韧带增厚，因而可使关节的稳固性加强。同时，由于关节囊、韧带和关节周围肌肉的弹性和伸展性的提高，关节的运动幅度和灵活性也大大增加。

（3）体育运动对肌肉的影响。科学系统的体育运动，可以改善肌肉的生理功能。

1）增大肌肉的生理横断面：肌纤维增粗可使肌肉横断面增大，而肌纤维的增粗则主要是收缩性蛋白质含量的增加，因而肌原纤维中粗、细肌丝收缩滑行时产生的力量就增大。多做负重肌肉练习对增大肌肉横断面有良好效果。

2）肌群的协调能力增强：不经常参加体育训练的人，最大用力时大约只能动员60%左右的肌纤维参加活动；而经常参加体育训练的人，则可动员约90%的肌纤维参与活动，力量自然就大。系统的体育运动，可以提高神经系统对肌肉的控制能力，表现在肌肉的反应速度、准确性和协调性都有提高，因此在进行任何复杂和高难度的动作中，都能做到有条不紊，能量消耗少，运动效能高。

3）肌肉收缩的代谢适应：肌肉的收缩和放松有赖于能量的供应，经常进行力量训练，能使肌肉产生一系列代谢适应性变化，如肌肉中毛细血管网增加，储存氧气的肌红蛋白增多，保证氧气及养料的供给；肌肉中能源物质（如肌糖原等）含量增加；肌肉中各种酶活性提高等，从而保证肌肉功能的发挥。

3. 体育运动对心血管系统的主要影响

心血管系统是人体运动时养料和氧气的主要运输线，主要功能就是完成体内的物质运输，运输代谢原料和代谢产物，它可使机体新陈代谢能不断进行；体内各内分泌腺分泌的激素和其他体液物质，通过血液的运输，来实现机体的体液调节。机体内环境理化特性相对稳定的维持和血液防卫功能的实现，也都有赖于血液的不断循环流动。经常进行体育活动，可促使人体心血管系统的形态、机能和调节功能产生良好的适应能力，从而提高人体机能。

（1）窦性心动徐缓。经常从事体育活动的人，特别是长时间小强度体育活动可使人安静时的心率减慢，这种现象称为窦性心动徐缓。这是心脏泵血功能增强的表现，是由于控制心脏活动的迷走神经作用加强，而交感神经作用减弱的结果。安静时心跳频率减慢，心脏可以得到更多的休息时间。

（2）心脏运动性肥大。体育运动加速了全身的血液循环，同时也改善了心肌供血情况，使心肌得到更多的营养物质。心肌收缩力量逐渐增强，心壁增厚，心脏容积增大。所以运动员心脏体积普遍比一般人大些，外形圆满，搏动有力，这种现象称为“心脏运动性肥大”。能使心肌增厚最明显的运动项目是举重、跳远和短跑等持续时间短、力量性的项目；能使心腔增大最明显的运动项目是长跑、滑雪、骑自行车、登山运动等持续时间长、耐力性的项目。

（3）每搏输出量增加。经常参加体育运动的人或运动员无论安静和运动状态下，每搏输出量均比一般正常人高。特别是在运动状态下，每搏输出量的增加就更为明显，这种变化使人在体育运动时有较大的心输出量，以满足机体代谢的需要。体育运动增加每搏输出量的原因是心脏收缩力量增加和心室容积增加，因此心脏每次收缩射出的血液也较多。

（4）血管弹性增加。体育运动可以增加血管壁的弹性，能预防心血管疾病或缓解心血管疾病病状。

4. 体育运动对呼吸系统的主要影响

呼吸系统是人体运动的“气体交换站”，把体内代谢产生的二氧化碳排出体外，同时把外界的氧气运输到体内，供组织细胞呼吸作用分解吸收的营养物质释放其中的能量。体育运动对人体呼吸系统具有良好的影响。

（1）肺活量增加。经常参加体育运动特别是做一些伸展扩胸运动，可使呼吸肌力量增强，胸廓扩大，有利于肺组织的生长发育和肺的扩张，使肺活量增加。另外，运动时经常性的深呼吸运动，也可促进肺活量增长。运动实践已经证实，经常参加体育运动的人，肺活量值高于一般人。

（2）肺通气量增加。体育运动由于加强了呼吸力量，可使呼吸深度增加，有效地增加肺的通气效率，适当地增加呼吸频率，可使运动时的肺通气量大大增加。一般人在运动时肺通气量能增加到 60 升 / 分钟左右，有体育训练习惯的人在运动时肺通气量可达 100 升 / 分钟以上。

（3）氧利用能力增加。体育运动不仅可以提高肺的通气能力，更重要的是可以提高机体利用氧的能力。一般人在进行体育运动时只能利用其氧最大摄氧量的 60% 左右，而经过体育训练后可以使这种能力大大提高。因此，体育运动时，当氧气的需要量增加时，呼吸系统也能满足机体的需要，而不至于使机体过分缺氧。

5. 体育运动对消化系统的主要影响

由于体育运动能量消耗的增加和新陈代谢的需要，胃肠消化机能加强，在这种情况下，消化分泌的消化液增多，消化道的蠕动增加，胃肠的血液循环得到改善，使食物的消化和营养物质的吸收进行的更加充分和顺利。体育运动能使呼吸加深，膈肌大幅度上下移动，腹肌大量活动，这对胃肠能产生一种特殊的按摩作用，对增强胃肠的消化功能有良好影响。

经常参加体育运动也是预防肠胃疾病的一种积极手段。例如，腹肌过分松弛无力，往往会造成内脏下垂、消化不良、便秘等。体育运动能加强腹肌力量，预防这些疾病。体育运动能使人增进食欲，提高消化能力，对胃肠消化有明显的良好作用。因此，采用体育训练的手段治疗消化不良能取得良好效果。虽然体育运动对消化功能有良好影响，但如果处理不当也会带来不良后果，所以要注意保护消化器官的健康。比如，剧烈的体育运动不能在饭后立即进行，体育运动后不能立即吃饭、大量喝水，运动后切忌大量吃冷食等。

（三）体育运动、营养及身体健康

营养摄取是人体获得和利用食物的综合过程，是保证人体正常生长发育的重要因素。

合理的营养能维持人体正常的生理机能、增强免疫功能、预防疾病、提高学习和工作效率和运动能力。营养缺乏或过剩不仅会使人体的各项生理机能下降，降低人体对外界环境变化的适应能力和防御能力，甚至还会成为某些疾病的致病因素。因此，讲究科学的食物营养摄取、注重合理的体育训练，已成为现代人生活的一个重要部分。

1. 营养素及其功能

营养素是指能在体内消化吸收，具有供给热能、构成机体组织和调节生理的功能，为机体进行正常物质代谢所必需的物质。人体必需的营养素有 40 多种，按其化学组成和生理机能可分为：糖、脂肪、蛋白质、无机盐、维生素和水等。不同的营养素在人体内各有不同的功能，因此各类营养素在人体内的比例也不相同。

（1）糖。糖类又称为碳水化合物，是人类最经济的营养素，在一般的混合性食物中占有最大比例。糖类是构成人体组织的重要物质，也是供应人体能量最主要的物质。在日常情况下，人体内需要的能量 50% ~ 70% 由糖来供应。糖还是大脑的主要能源，维持中枢神经机能。糖类对于维持脂肪正常代谢，降低蛋白质的分解和保护肝脏也具有重要意义。糖类主要来自植物性食物中，粮食（米、面、玉米等）和根茎植物（甘蔗、马铃薯等）含量大，瓜果类食物也含有较多糖分。

（2）脂肪。脂类物质是细胞的重要组成部分，也是重要的供能物质。脂肪还能促进脂溶性维生素的吸收。皮下和内脏周围的脂肪，既能防止热量的散失，维持正常的体温，又能保护机体和内脏器官免受震动和撞击的损伤。类脂占脑重的一半，特别是脑和神经的发育需要磷脂的供应。胆固醇是胆汁的主要成分，有些激素也是由脂肪构成的。脂肪性食物分为两类，一类是动物性的，如猪油、牛油、奶油、蛋黄等，另一类是植物性的，如豆油、花生油、菜油、芝麻油等。其中后者富含不饱和脂肪酸，有一些是人体自己不能合成或合成量不能满足需要的必需脂肪酸，所以其营养价值比动物性脂肪高。

（3）蛋白质。人体内蛋白质由 20 中氨基酸组成。蛋白质是人体一切细胞和组织的主要成分，是生命物质存在和自我更新的基础。人体的生长发育是通过体内蛋白质的生物合成来实现的。生命活动是依靠各种各样的酶促反应进行的，而目前已发现的酶都是蛋白质。人体运动由骨骼肌来完成，而骨骼肌的收缩与舒张的基础是肌球蛋白和肌动蛋白。氧的运输就是依靠与血红蛋白的结合才能进行，还有一些重要的激素，如生长激素、胰岛素等也都是蛋白质。蛋白质也是体内的能源物质之一，但在总能源供给中占的比例较小。

（4）维生素。维生素是一类具有生物活性的、维持机体健康所必需的营养素，其本身并不构成组织的原料，也不是供应能量的物质。大多数维生素是某些酶的辅酶的组成成分，其需要量很少，但在物质代谢中起重要作用。维生素目前已知有 20 多种，其分两大类，一类是脂溶性维生素，如维生素 A、D、E、K 等，一类是水溶性维生素，如维生素 B_1、

B_2、B_3、C 等，见表 1-2[①]。

表 1-2 维生素分类表

分类	名称	主要功能	来源	缺乏症
脂溶性维生素	维生素 A	维持正常视力所必需，促进骨骼、牙齿正常发育	动物肝脏、胡萝卜、菠菜等	夜盲症、干眼病
	维生素 D	促进肠道钙、磷吸收，促进生长和骨骼钙化	肝、乳、蛋黄等；皮肤经日光照射合成	佝偻病、骨软化病
	维生素 E	与生殖功能有关，抗氧化作用	食物油、奶、蛋等	不育症
水溶性维生素	维生素 B_1	参与糖代谢，维持神经系统正常功能	谷类、杂粮、瘦肉、蛋类	食欲差、疲劳、脚气病
	维生素 B_2	参与氨基酸、脂肪酸与糖类的代谢，与肾上腺功能有关	动物肝、肾脏、青菜	口角炎、舌炎、唇炎
	维生素 B_3	与细胞呼吸有关，形成和维持骨胶原	动物肝、蛋奶类、谷类	糙皮症
	维生素 C	促进伤口愈合，参与解毒，增强机体的免疫功能，促进造血	水果、叶菜类、谷类等	齿龈肿胀、疲劳、体重下降、抵抗力下降

（5）无机盐。无机盐也称矿物质，它包括除碳、氢、氧、氮以外的存在于体内的其他各种元素，含量较多的是钙、磷、钠、钾、氯、硫、镁等 7 种，被称为常量元素；含量较少的是铁、碘、氟、砸、锌、铜等，被称为微量元素。无机盐可构成机体组织，调节生理机能，维持正常代谢。无机盐多数在正常膳食下都能获得，但有的容易缺乏，有的微量元素受地质化学状况的影响会发生地区性缺乏。

（6）水。水是人体中含量最多的成分，占体重的 60% 左右。人体若丢失水分 30% 以上，生命活动将无法维持。水对人类的生存来说是最为重要的营养素之一，它几乎参与体内所有的代谢过程，具有溶解、消化、运输体内物质的过程，维持体温的恒定，对机体器官产生润滑作用。水可直接饮用并富含于食物中，包括蛋白质、脂肪和糖类在体内代谢产生的水分。

2. 平衡膳食

食物是维持人体生命和保证健康的物质基础。摄取食物是人及一切动物的本能，而正确合理地摄取食物则需要科学去指导。

（1）平衡膳食的概念。平衡膳食是指膳食中热能和各种营养素含量要充足，种类要齐全，比例要适当；膳食中供给的营养素与机体的需要两者之间要保持平衡。合理的膳食的结构，既能满足机体的生理需要，又能避免膳食构成的比例失调和某些营养素过量而引起机体不必要的负担与代谢上近期或远期的紊乱。人体约需要 40 种以上的营养物质，包括各类蛋白质、脂肪、糖类、维生素、无机盐、必需微量元素和水等。能构成 40 种以上营养物质的膳食必须由多种多样的食物来源来实现。

① 周美如，杨杰夫．大学生体育 [M]. 杭州：浙江大学出版社，2013.

（2）平衡膳食的基本要求。人的机体有各种营养的需求，平衡膳食应符合以下条件：

1）膳食品种要多样化。由于不同的食物含有的营养素种类、质量和数量都不尽相同，因此每日膳食构成中 6 类基本食品尽量要全，因为没有一种食品能够含有人体所需要的全部营养素，也不能单独维持人体健康和维持生命。但是这些不同种类的食品混合食用，就可以使各种食品的不足得到互补。

2）膳食制度要合理化。要合理安排一日的餐次，两餐之间的间隔和每餐的数量、质量都有合理，使进餐与日常生活制度和人体生理状况相适应，并使进餐与消化吸收过程协调一致。膳食制度安排的适当，可以协助提高劳动和工作效率。按照我国人民的生活习惯，正常情况下，一般每日三餐比较合理，两餐的间隔以 4 ~ 6 小时为宜。各餐数量的分配要适合劳动需要和生理状况，较适宜的分配为：早餐占全天总热能的 25% ~ 30%，午餐占全天总热能的 40%，晚餐占全天总热能的 30% ~ 35%。另外，用膳时间应和生活工作制度相配合。合适的膳食安排，科学的烹饪方法，能促进消化，引起食欲。同时还要保证清洁卫生，防止食物被污染，并减少营养素的损失。

3. 体育运动及营养补充

人体的各种活动都需要消耗能量，能量消耗的大小取决于运动的性质、强度、活动者的体重及动作的熟练程度等。不同的运动形式，机体所消耗的能量就不同。因此，应该根据不同运动项目的能量消耗的特点，科学地利用营养因素来补充能量，以达到增强体质和增进健康的目的。

（1）不同运动项目的营养补充。

1）速度性运动的营养补充。速度性运动的代谢特点是能量代谢率高，由于运动中高度缺氧，能量来源主要依靠 ATP–CP 供能系统和糖酵解供能系统。短时间大强度运动形成的大量酸性代谢产物在体内堆积，血液和神经系统都受到很大影响。因此，膳食中应含较多易吸收的糖、维生素 B_1 和 C，同时还应有足够的蛋白质。

2）耐力性运动的营养补充。耐力性运动的代谢特点是运动时间长，热能与各种营养素的消耗大，能量代谢以有氧氧化为主，肌糖原消耗大，蛋白质分解加强，脂肪功能成为主要物质。这就使得耐力性运动对营养素的需要量较高。因此，应供给足够的糖，在增加体内糖原储备的同时，还需在膳食中增加蛋白质、铁和维生素等营养素的摄入。

3）力量性运动的营养补充。力量性运动要求肌肉有较大力量和爆发力，所以肌肉对蛋白质的需要量较大，特别是在训练初期，增加蛋白质和维生素 B_1 的供给量是必不可少的。同时也要保障糖类、铁、钙和维生素 C 的供给。

4）灵巧性运动的营养补充。灵巧性运动要求机体的协调性高，神经系统紧张，同时为完成高难度动作，就必须对运动者的体重加以控制，所以膳食中应有充分的蛋白质、维生素 B_1 和磷。但膳食中脂肪不宜过多，以免影响体重和体脂。

5）球类运动的营养补充。球类运动对速度、耐力、灵敏和力量等素质都有较高要求，所以球类运动的供给应做到全面。球类比赛间歇中，一般不必进食，可服少量含水果酸及维生素 C 的饮料；若感到饥饿时，可在饮料中加些葡萄糖。

6）游泳运动的营养补充。游泳运动使机体散热量增加，能量消化加大。所以，膳食的热能要高，同时要注意补充较多的脂肪和维生素 A，以利于保持体温和保护皮肤。

（2）不同季节条件下运动的营养补充。

1）冬季运动的营养补充。冬季气温较低，寒冷的环境使机体代谢加快、散热加快，所以膳食中应增加蛋白质及脂肪含量。同时，增加热能充足的食物和维生素 A、B_1、B_2、C、E。因冬季着装较多，接受阳光直接照射的机会、时间较少，还应在膳食中补充维生素 D 和钙、磷、铁、碘等。

2）夏季运动的营养补充。夏季气候炎热，此时训练应在通风、树荫处进行。由于夏季运动体内物质代谢变化大，出汗量大，体内水分、钙、钠、钾及维生素大量消耗和丢失，所以膳食有其特殊要求，及时合理地补充水与电解质及维生素比补充蛋白质、糖、脂肪更加重要，这是增加散热过程，防止中暑所必要的。另外，膳食搭配应清淡可口，以增加食欲，并多吃一些蔬菜与水果，以增加无机盐、维生素的摄入。

（3）比赛期间的营养补充原则。

1）赛前膳食的结构，应合理的调整，注重对糖的补充，有利于提高运动成绩。

2）赛前应该吃容易消化的食物，少吃高脂类的食品，以免比赛腹胀。

3）不宜空腹参赛，应在赛前 2 ~ 3 小时进餐。

4）运动中由于水分、盐分丢失多，能量消耗大，途中通过饮料补充能量、盐分和水分，对维持运动能力有良好作用。摄入量应少量多次。

5）赛后按照补水原则，逐步恢复机体的水源平衡，在休息 2 ~ 3 小时后，可吃一些精细、可口、高热量的食物，以促进热量及其他营养素恢复平衡。

二、大学体育与心理健康

大学生正处于生理、心理诸方面从未定型到定型，从未成熟到成熟的急剧变化时期，这一时期是一个人心理发展的重要阶段，同时也是个性形成的关键时期。由于生理发展趋于成熟而心理发展滞后，可能使大学生面对外界的各种压力缺乏有效的调节和控制，常常产生矛盾和冲突，导致心理发展失调和不平衡，严重的则导致心理障碍或心理疾病的产生。因此，正确认识当代大学生的心理健康问题，探讨通过体育手段来干预并提出预防措施，就具有非常重要的意义。

（一）心理健康的概述

1. 心理健康的基本含义

健康，不但没有身体的缺陷和疾病，还要有完整的生理、心理状态和社会适应能力。

人作为一个整体，其身体与精神是互相依附、彼此制约的。人的健康，不仅指生理健康，还包括心理健康。心理健康是身体健康的重要方面。心理健康是指一种持续的心理状况，当事者在各种情况下能做出良好的适应反应，具有生命的活力，而且能充分发挥身心的潜能。这是一种积极充实的状态，不仅是免于心理疾病而已；心理健康也是人们对于环境以及人们相互之间具有最高效率及快乐的适应情况。不只是有效率，也不只是要能有满足之感，或者能愉快地接受生活的规范，而是需要三者都具备。心理健康的人应能保持平静的情绪、有敏锐的智能，适合于社会环境的行为和愉快的气质。

2. 心理健康的主要标准

心理健康的人应是：精力充沛，能经常保持清醒的头脑，精神贯注，思想集中，对工作、对学习都能保持有较高的效率，以及意志坚强，情绪正常，精神愉快。心理健康的标准包括以下六个方面：

（1）正视现实。心理健康的人能和现实保持良好的接触，对周围的事物有清醒的、客观的认识，既有高于现实的理想，又不沉迷于过多的幻想。对生活中各项问题、各种困难和矛盾，能以切实的方法去加以处理，而不企图逃避，处处表现积极进取的精神。①

（2）了解自己。心理健康的人具有自知之明。不但了解自己的优点、缺点及各方面条件，而且还了解自己的能力、性格、爱好以及情绪与动机，并据此安排自己的生活、学习与工作。从而在求学、谋职或恋爱等方面做出正确抉择，增加成功的机会。

（3）善与人处。心理健康的人乐于与人交往，既对别人施予感情，也能欣赏并接受别人的感情，因而能和大多数人建立良好关系。在与人相处时，抱有积极的态度，尊重与信任别人，而不是采取嫉妒、怀疑、憎恶等消极的态度。

（4）情绪乐观。心理健康的人心胸开朗，情绪稳定、乐观，常向光明处去看。热爱生活，积极向上，对未来充满希望，遇有烦恼能自行解脱，有适当的情绪控制能力。

（5）自尊自制。心理健康的人谦而不卑，自尊自重。在社会交往中既不狂妄自大，也不退缩畏惧；在行为上独立自主，既能有所为，又能有所不为。只要是好的符合社会道德规范的就主动去做，只要是坏的违背国家集体利益的就自我克制，纵有外诱，亦不为所动。

（6）乐于工作。心理健康的人能把自己的聪明才智在工作中发挥出来，积极主动，勇于开拓，不把工作当做沉重的负担，乐于工作，在事业上获得成就的满足和心理的乐趣。

总之，心理健康的人应具备智慧能力正常、自我评价适当，情绪愉快稳定、人际关系融洽和健全的人格特征。

（二）体育运动对心理健康的主要影响

体育训练既是一种身体活动，也是心理活动。因此，体育训练不仅有助于身体健康，而且对心理健康也有着积极的作用。精神状态与身体健康有着紧密的联系，情绪好坏会对

① 席小平 . 浅析体育训练对大学生心理健康的影响 [J]. 当代体育科技，2017，7（27）：52+54.

健康产生直接的影响。经常保持精神愉快、心情舒畅是促进身体健康发展的重要因素。愉快的情绪，如快乐、希望、豪爽、勇敢、恬静、喜悦等，会给人们带来幸福、安宁与健康。例如，笑是心情愉快的表现形式，人们在笑时大脑皮质会受到良好的刺激，心脏、血管的调节都得到良好的活动。要使一个健康的人处于舒适状态，用语言暗示使他愉快，他的脉搏和血压都可能下降；不愉快的情绪、如愤怒、焦虑、恐惧、悲伤等，会给大脑皮质带来恶性刺激，使心跳加快、血压增高、肠胃功能紊乱、食欲减退、机体能力降低，经常处于忧郁、苦恼、恐惧状态的人是最容易衰老的。不仅有害的物质因素能造成各种各样的身体疾病和精神疾病，有害的心理因素也同样可以起到这样的作用。所谓心身疾病或心理、生理疾病如大家所熟悉的医源性疾病，就是明显的不良心理因素造成的。

经常进行体育训练的人，尤其是从事自己喜欢并擅长的项目，不仅能够训练身体，而且能提高情绪，产生愉快感，给生活增添情趣，从而加强自尊心、自信心和自豪感。同时，体育训练还可以调节甚至消除人们某些不健康的心理情绪，如意志消沉、沮丧、忧虑、烦躁、紧张等。

大学生犹如刚破土而出的春芽，对社会和人生充满向往与幻想，但还不具备应付社会各种环境变化的能力，因此心理上就容易产生愿望与现实的矛盾、闭锁与交往的矛盾、独立性与依赖性的矛盾、求知欲强与识别能力低的矛盾、增长知识与培养能力的矛盾。如果这些矛盾处理不妥当，则会打破心理平衡，影响心理健康。针对大学年龄阶段心理不成熟、不稳定、不平衡的主要特征以及大学生在培养自我意识、情感、意志、性格等方面的需要，有选择地通过多种体育手段、方法、形式和途径进行体育训练，不仅可训练意志品质、陶冶情操、发展情感、增长才智，而且还可以培养集体观念，加强组织纪律，增强集体凝聚力，创造良好的人际交际氛围，借以提高心理调节与平衡能力。通过多种体育活动的参与和磨炼，还可以及时排除人的个性特征和心理状态中不健康因素的困扰，走出逆境，迎来欢愉、轻松和活泼的环境氛围。通过自身中枢神经系统的良性调节，在适应与改造内外部环境的过程中，使个体与环境的和谐统一，真正达到身心健康。

（1）体育训练有助于智力的发展。经常参加体育训练可以使人的记忆力、想象力、判断力、创造力等得到增强，还能够区分必然和偶然现象。注意的目的性、稳定性有了很大的加强，注意的范围也逐渐扩大，思维的独立性和批判性也有显著提高，从而促进人的智力功能。体育训练能有效促进血液循环和增强其他系统功能，给大脑提供必要的物质保障，有效提高大脑的记忆力和思维能力。同时，体育训练使神经系统的兴奋和抑制过程更加有效，使其对各种刺激的反应更加迅速、准确，为智力的发展奠定了特质基础，并且促进了神经系统功能的增强。而且，在长时间的学习过程中，大脑皮层的相关区域由高度兴奋状态转向疲劳，导致学习效率下降。参与体育训练，能使大脑皮层的相关区域形成兴奋与抑制合理交替机制，降低疲劳感，提高学习效率。

（2）体育训练可以培养大学生乐观、积极、开朗的心境。丰富多彩、健康文明的体育运动，不仅使人们在繁忙紧张的学习工作之后，能够获得积极的休息，而且可以使人在运动中享受欢乐和愉快，陶冶高尚的情操。大学生通过参加体育活动，特别是参加那些自己喜爱和擅长的运动项目，会在身体完成各种练习的过程中、在与同伴默契配合的过程中、在与对手斗智斗勇的拼搏过程中或在征服大自然（如爬山运动等）中，得到一种非常美妙的快感和心理上的满足，同时自尊心、自信心和自豪感在不同程度上也得到了加强。

（3）体育训练有助于协调和控制情绪，消除心理疾患。生活在现实中的人，总是无时无刻不受到自然、社会和个人素质等条件的限制，使人们心中的奋斗目标难以实现，常常会产生紧张、压抑、忧虑等不良情绪反应，体育训练可以使其从烦恼和痛苦中摆脱出来，使处理应激情绪的能力增强。长期体育训练之所以能够调节情绪，消除心理疾患，是因为参与者能体验到运动带来的愉快的感觉。适度负荷的有氧运动能使脑垂体分泌释放出一种强大的吗啡类激素——内啡肽，从而产生良好的情绪状态。内啡肽是最好的生理镇静剂，许多经常进行体育训练的人能经常保持饱满的精神状态和生活信心，都与内啡肽效应有关。

（4）体育运动有利于培养坚强的意志品质。在体育活动中，大学生的情感体验表现得鲜明强烈、丰富多彩、紧张多变，而且情绪的产生和变化直接影响到身体各部分能力发挥，从而影响运动成绩。运动中体验到的轻松感、获得胜利的喜悦感不仅可以激发运动的强烈动机，而且有利于激发勇敢拼搏的意志，使运动技术得到充分发挥，从而取得良好的成绩。而心怀恐惧、情绪低落、缺乏信心的人则往往因这些负面情绪影响、妨碍技术的发挥而导致失败。因此，在体育运动中，有意识地控制自己的情绪和冲动，克服客观方面的困难，不仅可以集中注意力以取得好的运动成绩，而且可以训练个人坚持实现目标、克服困难的意志品质。

（5）体育训练有助于形成和谐的人际关系。现代社会快节奏的生活方式，使人们越来越趋向封闭的状态，造成了人与人之间感情交流的缺乏，人际关系疏远。体育活动使人与人之间产生亲近感，特别是在竞争中，不同职业、年龄、性别、文化素质的人相聚在运动场上，使个人之间、集体之间的相互交流和协调更加频繁，是对个人心理品质严峻的考验和磨炼。体育运动具有凝聚力，可以加强集体之间的团结。在体育运动中，参与者不论相识与否，都可以找到相互交流的手段，一个手势、一套动作，都可以使人们的团结、合作的欲望在运动中很快得到满足。通过体育活动能结识很多朋友，朋友间能和睦相处、友爱互助。所以体育活动能使参与者心情舒畅、精神振奋。

（6）体育训练能够激发大学生认知的潜力。素质教育推行多年，取得了不错的成绩，社会对素质教育的关注已经超多应试教育，体育教学作为大学教学体系中一个重要组成部门，为素质教育的普及产生了巨大作用。素质教育人才培养的目标是高精尖人才，不单指的是技能人才，还是高潜力人才。大学生经过高中以及高考的磨砺，对认知有了一定的认识，但对自身潜力的挖掘的认识还不充分。体育训练并非只是进行身体训练，对身体机能潜力的挖掘，而是通过训练让学生具备对任何外来物体能够迅速做出反应的能力。这种对应变能力的认知是大学生必须学习的技能之一，应变能力的培养需要心理素质和身体协调性等多重因素共同完成。比如：在乒乓球比赛中，每个回合都需要去预判，带动上臂肌肉进行防守或者进攻，而这种思维需要在极短时间内做出。在初学者看来，要实现准确判断是无法做到的，但是通过不断训练，完全可以实现，这体现了训练提升认知能力。

（7）体育训练能够缓解疲劳，提高效率。在大学扩招以及素质教育背景下，大学生面临的学业和就业压力仍然不小，考取各种证书是大学生活中一大重要内容，这无疑增加了大学生的心理负担，如果不能化解这些心理包袱，会严重影响学生的学习状态和生活质量，除了与同学和教师倾诉以外，体育训练是有效排除心理负担的方法，当个体处于某种特定情境时，专注力提升非常明显，这有利于个体暂时忘记现有困境，全身心投入训练当中，需要强调的是，体育训练对于临近考验或者找工作的学生群体更加有效，越是高度紧张的时候，身体和心理越容易产生疲劳感，导致效率降低，如果此时仍然苦苦坚持，容易导致失控，所以，需要通过体育训练来调节情绪，比如：通过拳击或者跑步，大量的有氧运动能够促进新陈代谢，缓解疲劳，让人的心境平静下来。

（8）体育训练有利于培养竞争意识和团队意识。竞争意识与团队意识是大学生必须具备的，也是未来进入职场，步入社会最终会面临的。当然体育训练中的竞争并非是指去争夺，而是体现的是一种竞技体育精神，无论哪个项目，体育的核心在于竞技，在于争夺冠军与荣誉，但与此同时，体育还代表这个团队，代表着更高、更高、更强。要成为强者，需要具备的就是竞争意识，这种竞争是通过不断提高自身实力而进行的，每一位冠军的诞生并非偶然，冠军是泪水和汗水的结合体，没有超越常人的训练强度和科学训练方法，是无法成功的。另外，竞争并非是指排他性，仍然体现出了团队协作，比如：在 NBA 赛事，一支球队有超级巨星也有替补球员，这是一支球队的完整配置，不能因为有了超级球星就可以认为替补球员就是可有可无，团队的成功是所有参与者通过的努力，缺一不可。

（9）体育训练能够让个体发展更加全面。全面的人格发展是心理健康的重要体现，当今社会充满着人与人之间的竞争和协作，竞技体育体现出了实力的重要性，除此之外，竞技体育更展示出了体育精神，而这种精神往往是通过运动员展现出来的，其背后是伟大的人格魅力。众所周知，篮球运动作为世界级的运动项目，在全世界拥有数亿观众，球迷追逐球星不单是因为高超的球技，还包括他们身上独有的人格魅力，而这种魅力往往能够感染其他人。篮球比赛中，高高跃起争抢篮板球，如果身体失去平衡很容易种种摔在地上，造成严重损伤，在一场激烈比赛中，对方球员已经高高跃起，但逐渐失去平衡，与他对位的另一名球员由于身高优势，只需轻轻一跳就能抓下篮球板，但此刻，这位球员却做出了惊人动作，放弃争抢，在那位球员倾斜着身体将要摔在地上的时候，感觉抱住了他，以免发生意外。这个举动让现场上万观众惊呆了，全场数秒沉默后，集体起立为他鼓掌。可见，竞技体育除了胜负，还有体育精神。其实从体育球迷的成名之路就可看出，他们之所以能成功，除了努力训练以外，坚毅、乐观等人格魅力也是重要原因。

体育训练作为素质教育中的重要组成部分，对大学生健康心理的养成具有重要意义，但是在阶段，虽然各大学都明确了体育训练的重要性，但是在某些大学，对体育训练的认识仍停留在身体训练方面，对体育训练的投入相对较少，严重影响整个课程质量。体育训练对大学生心理健康的影响主要体现在认知力、人际关系、竞争和团队意识以及人格等几个方面，而这几点恰好是未来他们走向社会、进入职场所具备的，通过体育训练促进这几方面的提升，不仅顺应了大学生群体的共同爱好，还能以此为基础对体育活动形式进行进一步的探索和丰富，力求最全面地训练学生能力。

（三）大学体育训练与应激控制

1. 应激的基本概念

应激被翻译为“压力”，指有机体遇到干扰自己平衡状态或超越自己应对能力的刺激事件时，表现出的特定的或非特定的反应过程，包含应激刺激、对威胁的知觉评价和应激反应三种主要成分。

应激刺激也被称为应激源，指对有机体形成威胁并引起有机体产生变化的各种内在及外在的影响因素。例如，肠胃不适是典型的内在的应激刺激，裁判错判是典型的外在的应激刺激。应激刺激要求有机体做出应激反应。

应激反应指有机体对应激刺激做出的适应性变化，包括生理的、行为的、情绪的以及认知上的改变。例如，肠胃不适后产生的呕吐，裁判错判后发生的争吵，都可视为应激反应。

引起大学生应激的诱发原因是多种多样的。总的说来，可分为客观因素和主观因素。

（1）客观因素，又可分为实质环境与社会环境。实质环境包括个人能力无法克服的自然因素，如地理条件、气候、疾病、亲友离别；社会因素包括个人在社会生活中遭受到的政治、经济、道德、风俗习惯、家庭关系等方面的规范和限制，以及人际关系、专业、兴趣等，这些都可能会导致不适应、不协调、从而限制或阻碍大学生动机活动的实现，造成精神压力。在现代文明社会里，大学生经受的社会环境的变迁较大，对个人动机的形成和实现所产生的障碍远比自然环境所引起的多，而且影响也更深远。

（2）主观因素，包括个体生理条件、心理素质以及对挫折的耐受性。个性生理条件指与生俱来的身材、智力、能力和生理缺陷等。生理条件所造成的限制，常可导致学习、就业、交友和恋爱以及自尊心受挫。

2. 体育训练与应激控制的关系

在体育训练中经常产生的应激，主要是情绪波动、沮丧、过度紧张、心理压抑和焦虑。情绪变化通常是正常和必要的。在一定程度上讲，情绪波动贯穿于整个生命过程，但情绪波动过大，便会对健康和体育训练产生消极影响。沮丧是指在人实现某一目标受到阻碍时，在心理上产生的一种消极情绪反应。紧张过度是由于负担过重，使得机体神经处于不正常的工作状态。（刺激过度）心理压抑反应是由单调的生活和工作引起的消极情绪。焦虑是情绪波动的一种表征，是导致更深刻情绪波动的一个根源，常常由于想到一些会使自己害怕的事而产生。

有规律的训练能减少或控制应激。其原因有两种，第一种是训练会引起大脑释放自然合成的镇静剂——内啡肽。内啡肽发挥作用时，会阻碍大脑中与应激有关的化学物质的作用。第二种是训练是一种娱乐活动，能使人的头脑从担忧以及其他紧张思维活动中解放出来。

在进行身体素质训练的过程中，处在严重的情绪动状态下，会降低身体对外界各种影响的抵抗力，从而影响其坚持进行身体训练的意志和决心。在此情况下，既不可能从事有效的训练，也不可能获得有效的休息。总之，要想使体育训练达到良好的效益，就必须排除引起情绪波动的因素。

三、大学体育与社会适应

在现代社会中，人的社会适应能力越来越受到教育者的广泛关注，提高大学生社会适应能力是学校体育的重要目标。

（一）社会适应的概述

（1）适应及社会适应。适应原是指有机体发言为其生理构造和功能以适应环境、图谋生存的过程。社会学的适应是指一个社会体系适应自然和社会环境的过程。在社会学中，社会适应是指个体或群体调整自己的行为使其适应所处社会环境的过程。它有别于生物自我调整以适应自然环境过程的生物性适应。社会适应有两种方式：一是个体通过调整、改变自己的观点、态度、习惯、行为以适应社会条件和要求，这属于生存适应；二是尽最大的能力改变环境使之适合自己发展的需要。社会适应过程实质上是个体不断社会化的过程。

（2）社会适应能力及社会化。社会适应能力，又称社会健康，指个体与他人及社会环境相互作用、具有良好的人际关系和实现社会角色的能力。个体社会适应能力的高低取决于个体社会化程度的高低。社会化是指人的内化、角色学习和获得价值的统一过程，即是把一个生物的人塑造成一个合格社会成员的过程。在这一过程中，个体必须适应自己生活的社会变化，在与他人的交往与互动中逐渐形成自我观念，协调人际关系，学习和体验不同社会角色，学会承受各种挫折。在个体社会化进程中必须面对各种冲突并学会妥协和顺应、合作与竞争，学习各种规则和价值观，弄清哪些行为是能被社会接受的等。这种不断学习、不断调适的过程就是一个个体社会化的过程，也是一个个体不断提高社会适应能力的过程。

（二）体育活动对社会适应的培养优势

学校体育中的体育课堂教学、课余体育训练、课余体育竞赛等对学生社会适应能力培养都起着非常重要的作用。

（1）体育活动有利于建立和谐的人际关系，提高社会交往能力。和谐的人际关系是通过相互交往建立的，人际交往是指在社会活动中人与人之间信息交流和情感沟通的联系过程。学校体育所提供的人际交往时间和空间，可以增加学生之间接触和交往的机会，有助于学生学会正常的人际交往，协调人际关系，学会与人相处的艺术，学会公平竞争，学会宽容别人。摆脱以自我为中心的意识，认识到作为集体一员的责任和义务，增强对集体和社会的责任感。体育活动中的人际交往具有单纯性、规范性、频繁性、直接性等特点，它有利于有目的地建立和谐的人际关系。在体育活动中，同学之间的接触比学习生活中其他许多方面的接触要便利、直截了当。运动场地、时间常常是固定不变的，爱好运动的同学却会不约而同地来到运动场地结队比赛，并由于在激烈竞争中身体的强烈对抗，集体协作中的默契配合，很容易在短时间内就打破心理上的交往障碍，增进情感，巩固友谊，提高社会交往能力。

（2）体育运动有利于培养学生的竞争意识及抵抗挫折的能力。竞争是体育运动的主要特征之一，在体育运动过程中，时时处处都充满竞争，既有对自己的运动能力的挑战，也有与他人的争胜，既有人与人之间的竞争，也有团队之间的竞争。经常参加体育比赛有助于培养学生的竞争意识和能力。在体育运动比赛中具有鲜明的竞争性，从某种程度而言，参加体育活动本身就意味着竞争。然而，竞争的结果总与胜败相伴，体育运动既能激励学生追求胜利，也能训练学生不怕失败和承受挫折的能力。在体育竞赛中存在的必然发生的失败结果，对于失败的个人或群体来说无疑是一种良好的挫折训练。学生在体育竞赛中多少都会经历失败，这种失败引发的挫折体验，对学生是一种心理磨炼和心理调适过程，也是提高社会适应能力的过程。

（3）体育活动有利于培养学生良好的体育道德规范及协作精神。在学校体育活动中，各种集体练习、游戏和竞赛都有其特定的规则与要求，学生在从事这些体育活动时都会遵守相应规则，甚至在没有教师或裁判的情况下，也会自觉地用规则来约束自己。如果有人违反规则，不仅会受到相应规则的处罚，还会受到同学们的责备。因此，在体育比赛中，约束学生的是无形的力量——规则。这种特殊的“规则效应”使学生在活动中逐渐学会遵守纪律、尊重裁判，学会约束自我、公平竞争，从而形成良好的体育道德规范。当今的时代是竞争的时代，但竞争的成败往往取决于人们的合作，因此，现代社会更需要合作。合作是建立在团队成员对团队目标的认识相同的基础上的，合作的优越性体现在个人与他人一起工作时所获得的社会效益，如增加交流、相互信任等。在体育比赛中，尤其是集体项目（如篮球运动），合作会使活动变得更为有效，团队要获得成功，团队成员就必须通力协作、共同努力。合作能力既是体育活动参与者必备的素质，也是通过体育活动需要发展的一种能力。经常参加集体性的体育活动，有助于个体合作意识、团队精神的培养。

（4)体育活动有利于培养学生的社会适应性。参加体育活动时常常要扮演不同的角色，而这些角色与现实生活中的一些角色比较相似，参加体育活动还必须遵守一定的规则和道德规范，而这些规则或规范与现实生活中的法律、道德规范相似。因此，通过参加多种体育活动，能够使人有机会体验和学习扮演不同的社会角色，使自己的品行符合一定规范，成为一个遵纪守法、有公德的好公民，这对提高学生的社会适应性极为有利。

（三）大学生社会适应的评价

社会适应能力有主观的评价方法，可以主要从以下八个方面对个人的社会适应能力做出评价：

（1）接受与他人的差异。

（2）能与同性或异性交朋友。

（3）主动与人交往，有稳定而广泛的人际关系。

（4）与家庭成员和睦相处。

（5）当自己的意见与他人意见相悖时能保留意见，继续工作。

（6）有 1 ~ 2 个亲密朋友。

（7）共同工作时，能容纳他人，能接受他人的思想和建议。

（8）交往中客观评价他人，能自我批评，取人之长，补己之短。

社会适应能力低的人与别人交往时，总是牢骚满腹，没有耐心听取他人劝告或建议，拒绝从他人立场考虑问题，也有些人对人际关系表现出恐惧，害怕与他人接触，使自己形成孤僻的性格，不被社会接受。

四、大学体育健康的自我管理

人的生命是一个系统工程，它受社会、环境、遗传、心理、个人生活方式和行为、医疗保健及体育训练等多种因素的制约。随着科学技术的发展和人们生活水平的不断提高，饮食结构和生活方式发生了很大的变化，人们在享受现代化带来一切的同时，也在不知不觉地承受着各种伤害。

（一）健康管理的概述

健康管理的理论和实践最初出现在美国。1929 年，美国保险业最先使用了“健康管理”一词。1978 年，美国密执安大学成立了世界上第一个健康管理中心。20 世纪 90 年代初，“健康管理”由美国扩展到西方众多发达国家。进入 21 世纪，“健康管理”的理念逐渐被世人所接受。

1. 健康管理的基本概念

健康管理是对个体或群体的健康进行全面监测、分析、评估，并提供健康咨询和指导以及对健康危险因素进行干预的全过程。实施健康管理的根本目标是变被动的疾病治疗为主动的管理健康，达到节约医疗费用支出、维护健康的目的。

健康管理建立在现代营养学和信息化管理技术模式上，从社会、心理、环境、营养、运动等角度为每个人全面的健康保障服务，帮助、指导人们成功有效地把握与维护自身的健康。

2. 健康管理的深远意义

两千多年前，我国的《黄帝内经素问·四季调神大论》有“圣人不治已病治未病，不治已乱治未乱，此之谓也。夫病已成而后药之，乱已成而后治之，譬尤渴而穿井，斗而铸锥，不亦晚乎”的记载，其中孕育着“预防为主”的健康管理思想。而“上医治未病，中医治欲病，下医治已病”则与健康风险评估和控制的思路不谋而合。

能理解生命的人同样能理解健康对人类来说具有的最高价值。医学实践由三部分组成：通过生活方式治疗、通过药物治疗、通过手术治疗。其中的“生活方式治疗”就是在饮食营养、体育训练、规律的生活行为等方面提供健康方式的处方和建议。

（二）个人健康管理的整体规划

提高大学生的整体健康素质，建立个体健康管理模式，首先要建立个体健康管理模式，要建立“健康第一”的基本观点，养成健康、科学、文明的生活方式和行为。当了解了有关的健康知识后，应该建立起积极、正确的信念和态度，这样才有可能主动形成有益于健康的行为，改变危害健康的行为，进而为个体的健康生活进行人生的整体规划。

1. 健康的生活方式

生活方式是指不同的个人、群体或全体社会成员在一定的社会条件制约和价值观念指导下所形成的满足自身生活需要的全部活动形式与行为特征。人的健康状况在很大程度上取决于以下与健康有关的生活方式和行为：

（1）情绪良好，平和心态。不良情绪主要是指压抑情绪和紧张情绪，而压抑与高血压、肿瘤、精神病等密切相关。许多社会事件，如升学、失业、提升等可以引起压抑的心理体验。大学生在学习与生活过程中，只要加强自我素养方面的训练，树立正确的人生观，学会自我淡化和放松；正视现实中的问题，正确看待自己、看待他人、看待社会，保持良好的人际关系，主动适应社会；学会自我调控情绪，培养乐观向上的性格，就能很好地防止或消除压抑情绪的发生。

在现代社会中，生活节奏、知识更新的加快，就业竞争的激烈、人际关系的复杂等社会因素也是造成大学生心理紧张情绪的主要原因。固然，适当的心理紧张能够使人的身心更好地动员起来，提高工作和学习的效率。但是，一旦紧张的心理情绪超过了个体所能承受ぜ范围，或长时间的过度紧张，就有可能发生焦虑症，以至影响人的身体健康，心理紧张的程度决定于心理的调适。大量科学实验和实践证明，体育运动是一剂缓解过度紧张情绪的良药，也是帮助大学生进行心理调适的有效手段。

（2）营养均衡，科学饮食。健康的饮食是指膳食中应该富有人体必需的营养，同时还要减少摄入不利于健康的成分。良好的饮食习惯包括按时进餐、坚持吃早餐、睡前不饱食、咀嚼充分、吃饭不分心、保持良好的进食心情和气氛等。

合理膳食应注意营养均衡和科学饮食。获得和利用食物的综合过程称为营养，存在食物中，为健康身体所需要的物质称为营养素。人体一旦出现三大营养素（糖、脂肪、蛋白质）、微量营养素（维生素、矿物质）和水的失衡（某方面的不足或过剩）都会给人带来某方面的疾病。科学的饮食对健康有很大的影响。人的疾病70%、癌症的50%来自饮食。比如，营养不良造成的贫血症，会带来慢性疲劳；营养过剩会导致的肥胖症，会带来冠心病、高血压、癌症、糖尿病和骨质疏松等疾病；高盐会增加高血压、胃炎、胃溃疡的发病率。

成人每天的食谱应包括以下四类：

第一类：五谷类，根据每人每天的活动量和消化能力的不同，大约需要250 ~ 600克，品种应该多样，提倡多吃粗粮和杂粮。

第二类：蔬菜水果类，蔬菜水果含有丰富的维生素、矿物质和纤维素，每天应该吃200 ~ 500克的新鲜蔬菜和水果。

第三类：蛋白质类，豆腐、豆类、各种肉类、家禽、水产及蛋类含有丰富的蛋白质。成人每天进食200 ~ 300克为宜；奶类也是很好的营养饮品，每天饮250 ~ 500毫升为宜。

第四类：油、盐、糖等，食物应提倡清淡，烹调应该以植物油为主，每人每天不超过30克植物油，摄入盐量不超过6克；尽量少吃糖。

（3）养成良好的个人卫生习惯。个人卫生包括防病、清洁、营养、休息、睡眠、体育运动、居住、呼吸新鲜空气、享受充足阳光、饮用清洁的水及心理卫生等。讲究个人卫生要从小抓起，使个人卫生习惯成为生活的一部分。防止"病从口入"，在很大程度上取决于良好的个人卫生习惯。良好的个人卫生习惯会是保障健康的第一要素。

（4）改变不良行为，规律生活。吸烟不仅影响环境，危害安全，而且与高血压、冠心病、慢性支气管炎，甚至癌症等多种疾病都有着直接的关系，严重危害健康。

人体的生理功能（包括大脑功能）本身是有规律的。如果生活无一定规律，睡眠不足、饮食无定时、工作负担过重、长期处于身心紧张状态，机体的适应能力则会受到破坏，引起功能失调，甚至引起某些应激性的反应和疾病（如胃病、十二指肠溃疡以及某些心脑疾患）。因此，应该起居定时、按时作息、保证充足的睡眠；睡前不喝茶或咖啡，进食不过饱；保持心情平静，避免焦虑或激动，不做激烈运动；学习有张有弛，娱乐有度等。有规律的生活习惯在自我保健中占有十分重要的地位。

2. 科学的体育训练方式

体育训练的原则是体育训练客观规律的反映，是体育练习者从事体育训练实践，达到理想效果所必须遵循的基本原则：

（1）自觉性原则。体育训练是一个自我训练、自我完善的过程，需要克服自身的惰性，战胜各种困难才能达到预想的结果。

（2）循序渐进原则。提高身体健康素质是一个终身追求的漫长历程。循序渐进原则是指体育训练的内容、方法和运动负荷等，必须根据人对事物的认识规律、动作技能形成规律和生理机能的负荷规律，由小到大、由易到难、由简到繁、由低级到高级地逐步进行。这一原则对保持体育训练的积极性和预防运动损伤尤为重要。由此，训练中应力戒急于求成，先上量后上强度，重视之前的热身运动和之后的整理活动。

（3）全面性原则。全面性原则是指身体训练应全面发展身体的各个部位、器官和系统的机能，以及各种身体素质和活动能力，追求身心的和谐发展。训练内容的单一性，不可能获得身体机能的整体改善和提高。人们常常采用以一些功效大、兴趣浓的运动项目为主，以其他项目为辅的训练方法去达到全面发展和健康身体的效果。

（4）持之以恒原则。持之以恒原则是指体育训练必须经常性进行，使之成为日常生活的重要内容。运动技术的形成和提高，人体各组织系统的改善，是体育训练反复强化积累的结果。同时，运动运动技能的形成，人体结构机能的改善、身体素质的提高，都受着生物界“用进废退”规律的制约。不经常训练，已经取得的效果也会逐渐消退。为确保训练的效果，一般训练者应该根据个人能力所及的实际情况，确立一个切实的训练目标，制定一份可行的训练计划。把体育训练列入日常生活内容，合理安排时间，使其成为生活的重要组成部分。

在体育训练中，只要大学生能认真、全面遵循上述训练原则，定能取得预期的训练效果，让健康伴随终生。

3.“KYN”个体健康管理模式

“KYN”是英文 Know Your Number 的缩写。这里的“Number”是指所有与健康相关的生物医学指标。它涵盖了从身高、体重、年龄到血糖、胆固醇水平等各项实验室指标，也包括食物摄入量、吸烟量、体力活动等与生活方式有关的信息。

健康就像一项工程，需要精心管理。“KYN”的健康管理就是通过各种科学的检测方法和个人信息，帮助个体了解自己的健康，通过科学的健康指导为自己制定个性化的健康促进方案。个体化的健康管理方案包括科学的体育训练（运动处方）、均衡的饮食方法（营养处方）、心理的调节方式和健康的生活行为方式。个人健康信息管理的步骤如下：

（1）收集和管理个人健康信息，建立健康档案。通常通过建立个人健康及生活方式信息记录表来收集个人整体的健康信息。内容分为：一般信息（性别、年龄等）、目前健康状况和疾病家族史、生活方式（膳食、体力活动、吸烟、饮酒等）、体制监测、体格检查（身高、体重、血压等）和血、尿实验室检查六部分。

（2）进行健康及疾病风险性评估。根据所收集的个人健康信息，对个人的健康状况及未来患病或死亡的危险性用数字模型进行量化评估。其主要目的是帮助个体综合认识健康风险，鼓励和帮助人们纠正不健康的行为和习惯，制定个性化的健康干预措施，并对其效果进行评估。

（3）进行健康干预。在前两部分的基础上，以多种形式来帮助个人采取行动、纠正不良的生活方式和习惯，控制健康危险因素，实现个体管理健康计划的目标。与一般健康教育和健康促进不同的是，健康管理过程中的健康干预是个性化的，即根据个体的健康危险因素，由专业健康管理机构（健康管理师）进行个体指导，设定个体目标；并动态跟踪效果，最终达到预防和控制发病、改善健康、降低医疗费用的目的。

4. 个性化健康运动处方

运动处方类似于临床医生为患者开的处方，它是由康复医师、康复治疗师以及体育教师、社会体育健身指导员、私人健身教练等根据患者或体育健身者的年龄、性别、健康状况、身体素质以及心血管、运动器官的功能状况，结合主、客观条件，用处方的形式制定适合患者或体育健身者的运动内容、运动强度、运动时间及频率，并指出运动中的注意事项，以达到科学地、有计划地进行康复治疗和健身的目的。

运动处方是指针对个人的身体状况，采用处方的形式规定健身者训练的内容和运动量的方法其特点是因人而异，对“症”下药，它是运动促进健康的理想方式，也是运动促进健康科学性的集中体现。按照运动处方进行科学的训练，既安全可靠，又有计划性，可在短期内达到健身和康复治疗的目的。

运动处方通常包括运动项目、运动强度、运动时间、运动频度、注意事项六个组成部分。制定前进行三项必要的工作：第一，进行健康检查，了解处方对象的体质健康状况——有无运动禁忌症；一般身体发育、伤病的情况和健康状况；第二，进行运动负荷测定，检测和评定训练者对运动负荷的承受能力。以心肺功能为主，进行安静和运动状态下的生理功能检测，主要有心率、血压、肺活量等指标；第三，进行体能测定，进行力量、耐力、速度和灵敏的身体素质检测，从中判定训练者的运动能力和生理机能的状况。然后根据个人的健康状况与运动能力制定处方，制定的内容如下：

（1）运动目的：通过有目的地训练达到预期的效果（健身的、娱乐的、减肥的、治疗的等多种类型）。

（2）运动项目：合适的运动项目关系到训练的有效性和持久性。（根据运动目的、运动条件、体育兴趣爱好进行选择）不同身体素质练习的合理搭配（速度与力量，力量与耐力，动力与静力，大肌肉群与小肌肉群，身体素质与运动技术）。每次训练以一项活动性游戏，再配以 1 ~ 2 项身体素质为佳。长跑练习配以上肢力量和腰腹肌，中间以球类活动作为调节。

（3）运动强度：是运动时的剧烈程度（120 次 / 分钟以下为小强度，120 ~ 150 次 / 分钟为中强度，150 ~ 180 次 / 分钟或 180 次 / 分钟以上为大强度）（运动强度 = 运动后 10 秒钟内的脉搏数 ×6）。

适宜的运动强度范围可用靶心率来控制，靶心率 =（220– 年龄）×70% ~ 80%

最适宜的运动心率 = 心率储备 ×75%+ 安静时心率（心率储备 = 最大心率 – 安静心率；最大心率 =220– 年龄）

（4）运动时间：指一次训练的持续时间。强度大，时间应稍短，强度小，时间应稍长。有氧训练一般在 30 分钟左右就可达到较好的效果。

（5）运动频度：指每周的训练次数。一周运动 1 次，肌肉酸痛和疲劳每次发生，运动后 1 ~ 3 天不适，效果不蓄积；一周运动 2 次，肌肉酸痛和疲劳减轻，效果有点蓄积；1 周运动 3 次，无酸痛和疲劳；效果蓄积明显；1 周运动 4 ~ 5 次，效果更加明显。由此可见，每周 3 ~ 4 次是最适宜的运动频率。

（6）注意事项：

1）在周训练次数和时间的安排上可以根据学校的特点，以学年或一学期为一个训练周期，充分利用早操、课外活动和周末休息的时间进行安排。

2）备考和考试期间，周次数和每次训练时间应相应减少。

3）早操时间一般不超过 30 分钟，运动强度宜小，以不出现疲劳为度。

4）课外活动因在用餐前 30 分钟结束。

5）睡眠前的晚训练不宜进行剧烈运动。

（7）运动处方的实施：每次训练可以分三个运动阶段进行设计和实施。第一阶段：热身运动，使身体发热，便于进入运动状态，避免运动损伤。第二阶段：主要运动内容，控制好运动强度和时间。第三阶段：整理活动，通过逐渐减轻运动强度，让身体逐渐恢复到安静时的呼吸和心率水平。

（8）效果检查：实施一段时间后应及时进行检查，对不合适的地方进行及时的修正，以保证训练的效果。

第四节　体育与未来人生

体育作为一种全人类的社会文化活动，日益成为一种不可忽视的社会现象，成为社会经济建设、文化繁荣和人类发展的重要内容。人的发展是社会发展的核心和最终目的。体育作为人类社会特有的运动形态，是人作为一种生命形态不断完善和提升的重要动力，是与人类健康相伴、促进人类自身发展的一种重要方式。体育关系着人的身心健康，对提高人的生活水平和生活质量具有重要的作用。

人对体育的不同认识及接受程度，决定着不同的人生观和生活态度，人与体育的关系是相互依存、相互影响和相互联系的，人生少不了体育，体育包含了人生。人生发展所需要的条件除了身体本身之外，就是体育所表现出来的不屈不挠、坚持不懈的精神。体育代表着积极的人生，代表着群体精神，代表着民族的灵魂。①

一、体育演绎人生

随着体育实践的不断丰富和深入发展，作为人类完善自身的一种社会实践活动，现代体育对人类社会的价值已经超出了体育运动本身，成为一种超出体育自身价值的泛文化现象，成为一种涵盖人生的“拼搏”哲学，成为一种类似信仰的精神力量，表现出积极的人生态度。在体育中感悟人生，在体育中收获人生，这就是体育真正的内涵

（一）体育人生的拼搏精神

人生哲学或者说一个人对待生活、未来的态度，是不断进取、拼搏向上，还是退却观望，消极等待，反映出一个人对人生、对自己、对客观环境、对世界的人生观。体育人生是积极的、拼搏向上的，因为它源于长期的、坚持不懈的锻炼（训练）和每一次竞赛的胜利与失败。体育是一项改变他人、改变环境和改变世界的运动。显然，人人都希望自己有一个健康的体魄、不断进取、积极向上的人生态度，但却难以保持这种健康的人生态度。那么，要获取不断进取、拼搏向上的精神就需要长期反复的磨炼。体育人生具有不断地强化和磨炼勇于克服困难，树立不断进取、拼搏向上的精神，最终成为拼搏的强者。

（二）体育人生的意志品质和永不言败精神

在观看体育比赛、参加体育活动和接受体育教育的过程中，无不感受到体育的一种精神，那就是：坚强的意志品质和永不言败的精神。人的一生总会遇到一些困难，坚强的意志能使人们保持清醒的头脑、良好的精神状态、战胜困难的勇气和信心，保持这种坚定性和持久性，则有利于战胜困难；而意志薄弱的人，一旦遇到一点困难，碰到情况较复杂时就容易失去信心、迷失方向。

保持坚强的意志是对成功人生的一种考验。坚强意志的培养需要经过长时间的、多方面的失败和痛苦的磨炼，才能获得。艰苦的体育锻炼和紧张的体育竞赛在胜利和喜悦的背后带给人们更多的是失败和痛苦的磨炼。胜不骄，败不馁，经历过风雨后的彩虹才显得更加的绚丽多彩，那无数次痛苦和失败的考验则是对人们意志品质和永不言败精神最好的锤炼。

（三）体育人生与自信心的培养

信心是做好一件事情的重要条件，而在事业、工作和生活中树立自信心就显得更为重

① 常益，常大军．新时代大学生社会化进程中学校体育的价值审思及实践途径 [J]. 沈阳体育学院学报，2019，38（3）：126-131.

要。信心是一个人相信自己能够做好一件事或者相信自己的判断力。体育运动竞赛与体育锻炼是促使一个人下定决心，保持旺盛的精神状态，坚持到底，磨炼与培养自信心的最佳手段之一。

人的一生，从事某项活动或选择一项工作都来自信心，以及客观的判断与选择。要想树立信心，首先要对自己做出客观的判断。参加体育锻炼，兴趣驱使参加体育活动的，而信心是训练中的能否做到长期坚持的重要因素，自信则是不畏困难，战胜一个又一个困难的勇气。往往具有足够自信和自信心的人才能战胜体育锻炼和比赛中的各种困难和磨炼，坚持到达胜利的彼岸，获得成功的胜利和喜悦。可以说，体育是培养人生自信的沃土，经过这片沃土的培育，人生才会变得更加的自信，自信会带来工作、事业和生活上更多的精彩。

（四）体育人生的规划与创造精神

在校园中，学生参与体育活动往往遵循着这样一种模式，第一步：出于对项目的兴趣、时尚和健身的目的；第二步：学生对某一运动项目较长时期的兴趣和积极地参与，使其开始考虑每周一至两次的锻炼时间；第三步：参加小范围的比赛，此时某种创造性的特点就显现出来。

人和人之间虽然有差异，但有一个明确的目的则可以少走弯路。同时，为实现这个目的，严格要求自己，调动自己的一切积极因素，并为此而努力。由目的到实现要有科学的计划作保证，计划促使自己的主观想法和客观事物的发展过程更加紧密地结合起来，与时间结合起来，有利于自己逐步地实现目标。然而，如何进行创造性的工作却是实现人生理想的关键。

（五）体育全面释放人生价值

体育的独特魅力，在于集中地展现了人类的力量、智慧、自身的美和人与自然的和谐。每一节体育课、每一次体育活动，每一项体育竞赛无不潜移默化地影响着人们的人生。是培养团结、合作、坚强、献身和友爱等高尚情操的有效手段，是培育自强不息、拼搏和自信精神的沃土，是锻造（培养）吃苦耐劳意志品质和创新精神的有效途径。培养具有强健体魄、健康心理、坚强意志和昂扬精神的一代新人是时代赋予体育教育的重任。

人的一生除了学习和工作之外，还有家庭生活。正常、良好、健康的身体是生活的光彩，并使人生更加丰富，充满生机，能更好地体现人生的价值。而人的学习和工作得如何，不仅取决于遗传和环境，对于同样获得某种机会的人来说，更主要的取决于一个人接受教育的程度、知识的储备和主观的努力。只有处理好体育与学习、工作、生活的关系和矛盾，培养良好的锻炼习惯，努力学习，不断进取，人生才会不断地得到充实，体育可以全面释放人生的价值，使人们在为社会做出贡献的同时，使自己的人生也过得更加有意义。这就是体育教育的内涵，体育教育的魅力！

二、体育为人生健康奠定基石

健康是人生生存与发展的基础和前提。若把健康比作“1”，而事业、家庭、地位、金钱是“1”后面的“0”。只有“1”的存在，后面的“0”才有意义。

大学时期是身心健康和各项身体素质发展的关键时期。大学生的体质健康水平不仅关系着个人的健康成长和幸福生活，而且关系到整个民族健康素质，关系到我国人才培养的质量。广大大学生身心健康、体魄强健、意志坚强、充满活力，是一个民族旺盛生命力的体现，是社会文明进步的标志，是国家综合国力的基础。大学生是社会上最富有朝气，最充满活力的群体，也是社会上竞争压力较大的群体，其身心健康直接影响着他们的就业和未来人生。如果说“健康”是大学生成功人生的基石，那么体育就是奠定这一基石的必由之路。

三、体育对创新能力的培养

创新改变未来，未来需要创新。创新是知识经济时代人类最重要的活动。创新能力是创新激情、想象能力和科学精神三个基本要素相互作用的结果。创新激情是创新的基础，没有创新激情就没有创新的动力；想象能力是创新的潜力空间，它为创新开辟各种可能的前景，没有想象能力，墨守成规，就不可能有重要的创新；科学精神是创新的实现空间，没有科学精神，创新就可能失去现实性，同样不可能结出创新的成果。体育给人以激情、给人以力量这是不争的事实。体育常常会给思维插上想象的翅膀，更快、更高、更强是体育人永恒的追求；体育人在挑战自己的生理极限的过程中永远离不开创造和创新。正因为有了创造和创新，体育对人类才产生了无穷的魅力。

更快、更高、更强的追求无时无刻不在提醒着人们，人生要随时打破陈规；新的纪录，新的挑战，新的成功永远不会赐予那些惯于墨守成规，不敢创新的人们。由此体育总是和科学的精神联系在一起，体育中的科学精神随处可见，体育最终一定会使那些弄虚作假的人身败名裂。

体育在给人们带来乐趣的同时，还会让人们在紧张的学习生活中消除身体和大脑中的疲劳，使大学生们的思路更加开阔，条理愈加清晰，有助于大学生创新思维的开阔和提升。

第二章　大学生体育训练认知

目前，全国正在大力提倡全民健身运动，兴起全民锻炼的高潮。培养大学生的体育训练是奠定其终身体育的基础，鉴于此，本章主要探讨大学生体育训练的重要性、大学生体育训练意识的增强、大学生体育训练兴趣的培养路径。

第一节　大学生体育训练的重要性研究

大学体育是为培养德、智、体、美、劳的社会全才所开展的一项课程。通过体育教学来培养学生的体能，来训练学生的体质，为学生的健康学习与生活打下坚实的基础。当然，在体育教学中体育训练是最主要的教学过程，抓住体育教学重点，为学生提供一个合适的体育训练。

在我国的教育体系中，体育这门课程对于学生的健康发展具有极大的作用，尤其到了大学，许多大学生不爱运动，体育课程则成为督促他们运动起来的最主要的方式。

一、大学体育训练的内容

大学体育并不是为了让学生获得什么分数或者是名次，而仅仅是为了能够训练学生，为了能够提高学生的身体素质展开的。所以，在体育教学中要能够为学生多提供一些体育训练的机会，让他们能够从体育课程当中获得所需要的东西。①

（1）开展个人体育项目的训练。在体育课程当中，可以开展一定的个人体育项目训练，例如长跑、跳远、仰卧起坐等等，通过这些个人项目的体育训练，可以从根本上改善学生的体质，增强学生的体能，提高学生的抗压能力，帮助学生获得更加健康的身体。

（2）开展一定的团体合作项目的训练。通过团体合作项目的体育训练的开展，可以让学生们了解相互合作与帮助的重要性，让他们能够学会与他人合作、与他人共同解决一个问题，从而提高他们的合作与交流能力，培养他们的社会技巧。

（3）开展竞争性体育项目训练。在体育教学过程中，可以开展一定的具有竞争性的体育项目的训练，通过这种体育训练可以培养学生的竞争意识，提高学生处理问题的能力，提高他们的危机意识，从而可以帮助他们建立一定的竞争性思维。让学生明白有竞争才会

① 张静，董宝林，张欢．道德认同、道德推脱、自我定向对大学生体育学习偏差行为影响的实证研究 [J]. 山东体育学院学报，2019，35（3）：98-107.

有进步，有竞争才会有推动力，而且，还能够通过体育课程让他们了解到社会生活的一面。

体育训练是培养学生的体育意识与体育思维的重要过程，要能够将体育教学与体育训练相互融合，从而提高他们的体育技能，全面提高学生的体育素质。

二、大学体育训练的质量要求

将体育训练与体育教学相互穿插、融合，是体育教改的重要要求，更是提高大学体育教学质量的要求。

（1）通过体育训练全面提高大学生的身体素质。体育训练就是在大学生的体育课程当中开展一定的体育训练，让学生学习一些体育项目，通过这样的方式能够全面地提高学生的综合素质，尤其是身体素质。通过一定的体育训练，让学生能够主动地参与到体育教学当中，将理论发展为实践，从而有效地增强了学生的身体机能，提高了学生的身体素质。

（2）培养学生各方面体育精神。通过体育训练可以培养大学生坚韧不拔的思想品质，从而增强学生对体育精神的理解与领会。而且，通过体育训练可以增加学生的竞争意识、抗压能力以及合作的精神，从而能够为学生将来的社会发展打下一定坚实的基础，为他们的发展做好铺垫。可见，体育训练是今后体育教学的重要方向之一。

（3）通过体育训练充分挖掘学生潜力。通过体育训练来促进学生主动地参与到体育课程当中，促进学生不断地去训练、不断地发挥出自己的能力，而且，在训练过程中，可以让学生不断地挑战自己、不断地推动自己进步。通过设定体育训练的目标，可以让学生不断地超越自己、不断地突破自己的局限，通过这样的方式，自然能够激励学生不断地挖掘自身的潜力、不断地得到发展，让学生能够面对自己、面对问题，培养学生的自信心和勇气，让他们不仅能够在体育活动中，还能够在社会生活过程中不断地超越自己。

（4）丰富了体育课程内容，提高学生主动性。通过在体育课程上开展一定的具有多样性的训练课程，可以让学生感受到体育课程的有趣性，从而激发学生对体育课程的积极性，让他们愿意主动地参与到体育教学当中。通过体育训练，还能够丰富体育课程的教学内容，使体育教学更加贴近学生的日常生活，减少了学生对体育训练的恐惧心理。

在体育教学中融入训练，可以为学生的综合素质的提高提供一个良好的、有效的途径，通过多样化的、系统化的体育训练来激励学生参与到体育教学中，不仅能够促进学生的全面发展和体育素质的加强，还同时提高了体育教学质量，可谓是一举两得。

三、体育教学中的体育训练策略

体育训练在学生的体育教学当中起着极为重要的作用，通过体育训练是培养学生的综合素质，提高学生的身体素质的重要途径。所以，要能够采用合适、有效的策略将体育训练融合到体育教学当中，让体育训练能够全面地发挥出自身的作用，服务于大学生。

（1）增加体育训练项目，创造体育教学多样性。大学生之所以不参与到体育教学当中，原因是体育课程单调而无聊，所以在开展体育训练的时候，要尽可能地为学生提供较多种类的体育项目，从而为体育教学创造良好的多样性，激发学生对体育课程的兴趣。如此一来不仅仅能够为学生的体育教学提供更多的学习内容，丰富了体育课程，同时提高了学生的学习主动性。

（2）多开展体育比赛，激发学生竞争意识。在体育教学的开展当中，可以通过开展比赛的方式来激发学生的体育积极性，让他们能够有动力去参与到体育训练当中。而且，通过比赛可以增强学生的竞争意识，让学生有训练的动力。通过给他们设定一个目标，让他们积极、主动地去训练自己，促进他们不断地去超越自己、超越对手，从而提高了他们的体育意识。

（3）注重体育训练过程的安全性。不论在什么样的体育训练过程中，一定要注重在训练过程中的安全性，只有保障了教学环境的安全性，才能够为学生提供一个有效的体育教学。所以，在进行体育训练过程中，老师一定要做出正确的引导，让学生以正确的体育姿势及运动方式来进行体育学习和体育训练。

（4）适当增加体育训练时间。体育教学在我国的教学时间安排上相对是比较少的，也就是说，在大学课程安排中，体育训练的时间并不多，一个礼拜仅有一节课的时间，在如此短的时间里，是无法大幅度地提高学生身体素质的。所以，应该要适当地增加体育训练的时间，为学生创造更多体育训练的机会。

体育训练是培养学生综合素质的主要途径，是提高学生身体素质的重要方式，所以，要采用适当的方式来提高体育教学的质量，为社会培养出真正的健康、全面的人才。

第二节　大学生体育训练意识的增强

体育教育的最终目标是能让每个人自觉进行终身体育训练，养成终身体育训练意识，而学校作为学生接受体育教育最基本的来源，更应肩负起培养学生终身体育意识的责任。终身体育运动需要每一个人在一生中身体力行。而大学阶段为学生成长、个性形成的关键阶段，是学生在校接受体育训练期间最坚实的一环，也为学校体育教育的最高层次。大学体育教育衔接了基础体育教育和社会体育教育，它在很大程度上影响着终身体育效用的发挥。

一、大学生运动情况分析

（1）各个年级每周运动时长情况分析。各个年级中运动时长最高的是大二年级，因大二学生来到学校已经一年，不像大一对独立的学习生活感到陌生，已经基本熟悉了大学生活的节奏，能从中找出合适的时间进行适当的体育训练。而大三、大四年级面对着考研、工作等方面的压力，且大学体育的学分基本已经修完，很难抽出一定的时间进行体育训练。大学生在一定程度上会自主地进行体育训练，但由于自身和外界的一些因素会导致体育训练的减少。①

（2）大学生训练时间结构分析。大学生的运动时段以下午和夜间为主，这符合大学生的作息规律，因为大部分院系在晚上安排课程较少，学生有较多的空闲时间，该时段也是比较科学的运动时间段。一般下午参与训练的学生运动较为规律，且以跑步为主。在夜间运动的大学生最多，这说明了晚上的业余时间充分，而不定时运动者，在选择运动方式上不局限于传统的训练方式，选择更加多样化。选择早上运动的学生人数比较少。

（3）大学生训练动机分析。大学生运动的原因很大一部分是为了增强体质，随着社会和学校对于身体健康的重要性的宣传，大多数大学生都认识到了这一点，能够自觉地通过体育训练来让自己更加健康。由于现代科技和课程压力的影响，大学生中肥胖人数越来越多，并且很多学生特别是女生对形体美的追求，使得大学生运动的很大部分原因是为了减肥减脂、塑造形体。不可忽视的是，缓解压力也成为运动的一部原因，大学生活表面上安逸，但实际上也充满了各方面压力，对于一些时间充裕的人，运动训练不失为缓解压力的好方法。

二、培养大学生体育意识的对策及手段

（1）转变体育教学传统观念，实行个性化教学。学校是进行培养大学生终身体育意识的关键一环，学校的体育教育如何关系着学生以后的体育意识是否持久。中国现有的体育教学中通常为老师传授体育知识，学生机械地进行学习，这种传统、保守的方式可能阻碍了学生对于体育乐趣的体验。在邻国日本的体育教学中采取了“快乐体育”这种方法，是以情感教学为出发点，体育教学的出发点是全方位育人教人，教学的归宿是终身体育，使得大学生能够自觉学习、快乐学习。改变当前大学体育教育单纯的学分必修方式，改为采用基础或选修课、趣味运动会、体育兴趣小组等不同形式的课程，让大学生能最大程度从体育训练中得到乐趣。

（2）运用多方面宣传手段，树立终身体育生活观念。终身体育意识的培养不仅要依靠学校对于大学生的教育，还需要在整个社会都营造一种浓厚的终身体育氛围。社会上要进行终身体育的宣传教育，把“健康第一”作为生活的指导观念，通过新闻媒体、广告宣传栏等多种手段在人流密集的地方进行宣传，让大众在潜意识里就形成了终身体育的观念，让大众能懂得体育是生活中不可或缺的组成部分。终身体育思想强调体育训练不单纯是人生某个时间段的活动，而是伴随人一生所必需的日常性内容。终身体育在于训练必须持之以恒，身体素质才能增强。为贯彻终身体育要求，首先，要逐步养成终身体育意识，充分调动自身的积极性和主动性，树立持之以恒的观念。其次，要科学合理地安排运动时间，

① 侯超文．大学生体育训练意识增强分析 [J]. 当代体育科技，2019，9（07）：50+52.

一是要克服工作生活中的压力，保证每天一定的训练量；二是要合理地选择运动的时间段，养成良好的运动习惯。

第三节　大学生体育训练兴趣的培养路径

体育训练的开展有利于提升大学生的身心健康，促进素质教育的发展。受传统思想观念、体育基础设施不完善、教学内容与方式单一等因素影响，大学生参与体育训练的兴趣不高。破解当前体育训练中大学生参与积极性不高难题，培养大学生的学习兴趣是关键。

兴趣是学习的动力，学习兴趣的培养对任何学科的发展都至关重要。体育训练是体育教学的基础，亦是开展体育运动的前提。体育训练能否顺利开展对大学生体育学习以及大学体育教学质量与水平的提升有极其重要的影响。当前，多数大学生对体育训练缺乏兴趣，参与体育训练的积极性不高，严重影响体育训练的顺利开展。发挥大学体育训练的效能，推进大学体育训练的有序开展，培养大学生对体育训练的兴趣是关键。

一、完善体育基础设施的建设

完善的基础设施与教学环境是开展体育训练的基本前提。为激发学生对体育训练的兴趣，创设优良的体育训练环境，最大程度发挥体育训练的作用，学校应重视体育训练场地的建设与相关设备的购买。一方面，大学应充分认识到体育教学的重要性，关注和重视体育教学。对于建设资金应合理分配，重视在体育训练场地与设施的资金投入，切实改善大学体育教学条件。通过完善体育设施，杜绝因体育场地不足教师放任学生自由活动的现象，真正改善体育训练形式化的局面，激发学生参与体育训练的热情。另外，大学应依据学生的兴趣引进新型有趣的设备来吸引学生，使学生积极参与体育训练。另一方面，大学应重视对体育训练场地的维护与训练器材的管理。新增器材以及新建体育场地应有专人管理与维护，保障大学生体育训练中的正常使用。避免使用中出现的人为损坏以及缺乏维护的现象，切实为体育训练提供良好的场地与设施，激发学生对体育训练的兴趣，有效发挥体育训练的积极作用。

二、创建优良的教学环境

教师是课堂教学的实施者，在课堂教学中起着主导作用，教师的专业素养直接影响学生对体育课程的兴趣。增加体育课堂教学的趣味性，需要教师依据学生特点合理设计教学内容与教学环节。首先，提升教师自身的趣味性。教师应充分调动自身的热情投入到教学工作中来，以富有激情的授课方式与授课态度去感染学生。通过风趣幽默的语言来吸引学生的注意，且使学生在整个课堂中放松身心，提升其学习与训练的效果。其次，体育教师在教学中应采用多样化的教学方式来提升课堂的趣味性。通过创设教学活动，充分利用体育比赛与游戏等活动提升学生对体育训练的兴趣，从而使体育训练达到最佳的训练效果。最后，构建和谐的师生关系。教师应充分发挥自身的作用，关心学生，重视与学生沟通交流，积极帮助学生解决生活与学习中的难题，努力构建和谐温馨的师生关系。和谐的师生关系为营造良好的课堂环境与氛围奠定了良好的基础，有助于提升学生体育训练的兴趣。

三、创新体育教学内容和方法

大学生对体育教学缺乏兴趣关键在于体育训练的枯燥乏味。改变这一现状需要创新教学内容与方法，教学内容是课堂教学的重要组成部分。对于大学的体育训练，教学内容一定要结合学生以及教师的各方面因素，并在此基础上依据学生的学情合理开设体育训练课程。在体育教学中，教师教学内容应依据教学目标、教师、学生以及学生的兴趣爱好等多方面进行科学的设计。并且教学内容的设计应符合大学生身体素质，避免因不适应而引发抗拒心理。此外，教学内容应注重与实际生活的联系，从而让学生认识到体育训练与日常生活密切相关。体育训练的适应性能在一定程度上激发学生参与训练的积极性。

教学方式方法是实现教学目标的重要途径。丰富的教学内容的讲授需要多元化的教学手段来实施，实现体育教学的多元化与趣味性是必要的。通过设计新的教学情景与活动增强大学生体育训练的乐趣，从而激发学生参与体育训练的积极性。例如，在体育训练中，体育教师可通过创设情景的教学方式，将易于激发兴趣的生活素材引入体育训练中，激发学生自主学习与探究的兴致；通过小组比赛的形式激发学生竞争意识，引导学生主动参与体育训练；通过创设体育游戏的方式，增加体育训练的趣味性与娱乐性。创新教学内容与方法有助于培养大学生对体育训练的兴趣。此外，教师应重视对学生身体素质与个性特征的研究，为科学规划与设计教学内容提供参考，保障多样化的教学内容与方式能够适应学生自身特点，从而激发学生对体育训练的兴趣。

体育教学作为素质教育的重要组成部分应引起高等院校的足够重视。破解当前体育训练中大学生参与积极性不高难题，培养大学生的学习兴趣是关键。提升大学生对体育训练的兴趣，需要强化大学生的体育训练意识、重视体育基础设施建设、创设优良的教学环境、创新体育教学内容与方法等措施来加以改善。培养大学生对体育训练的兴趣，有利于体育训练的顺利开展，提升学生的身心健康，推动素质教育的发展。

第三章　运动训练学与大学生体育运动训练理论

运动训练学作为一门系统的综合性的应用学科，在其发展过程中，受竞技体育世界化、商业化、职业化潮流的影响，广大学者对于学科本身的研究越来越深入，对于运动训练实践的指导作用发挥得越来越明显，这极大地推动了竞技运动水平的不断提高。运动训练学作为一门独立的学科，世界各国的运动训练学专家对构建较为完整的运动训练体系都做出过巨大的贡献。鉴于此，本章主要探讨运动训练学、大学生体育运动训练的基本原则以及大学生体育项群训练理论。

第一节　运动训练学概述

运动训练理论植根于运动训练实践，全球性竞技体育水平的不断提高，大大促进了运动训练实践的发展，运动训练理论也从最初一些零散的理论研究向系统化、集成化的方向不断前进。

一、运动训练学的发展历程

（一）运动训练学的初期发展

在古代奥林匹克运动兴起的初期，运动训练处于一种无组织的自发训练阶段，参加古奥运会的运动员，平时不进行系统训练，只在参加比赛前才短暂训练，当时根本没有训练理论上的研究。运动训练学理论研究的起源可追溯19世纪末，当时英、德、美等国许多教授根据实践的要求，逐渐开始探讨运动训练的理论，相继出现“运动员的基本训练”“田径”等零散的论文。此时期研究工作的基本特征是将田径领域积累的经验和理论知识，逐渐运用到专项领域的实践中。1916年，著名体育专家阿·科托夫提到运动训练分期的思想。其后，芬兰等国专家所研究的训练分期、训练过程和训练计划等都涉及训练学的内容。①

历经20世纪五六十年代的发展，世界竞技体育的结构发生了快速的变化。其中，最为典型的是竞技体育职业化和商业化。国际赛场上的竞争日趋激烈，体育科学对于竞争意义突出地表现出来。国际运动训练在经历了自然发展、新技术和大运动量训练的发展阶段后，进入了科学训练阶段。这一阶段突出的特征就是“运用科学理论、方法以及先进技术组织实施并有效地控制运动训练全过程”。科学训练需要在训练理论、训练思想、训练观

① 肖涛，孔祥宁，王晨宇．运动训练学[M].重庆：重庆大学出版社，2016.

念和训练方法方面不断创新，对新理论、新思想、新观念和新方法的需求，推动了运动训练研究，使运动训练理论发展到了一个与运动训练实践需求相适应的阶段，最直接的体现就是训练学学科的建立。当时，体育科学理论包括训练学理论，首先在苏联得到系统的发展，德国的霍尔曼、迈勒罗维奇、阿因德尔等也开始介入系统的训练学研究工作。1962年11月，在莫斯科举行社会主义国家“运动训练问题国际科学方法讨论会”，会上作了包括训练内容、训练计划、训练方法等方面的76篇专题报告，这是世界上第一次大规模地举行运动训练学专题报告会。

20世纪70年代中期至80年代初期以来，训练学进入体系构建的深化阶段。一大批造诣极深的学者，逐步完善了运动训练的科学体系，推动了竞技体育的飞速发展和运动训练理论在世界范围内的广泛传播。

在这种思想影响下，德国、苏联等国家也相继出版一些训练学著作，如德国的麦勒罗维兹与梅勒合着的《训练》于1972年出版，巴尔艾希与库洛夫共同研究的《训练科学》于1975年发表，苏联的马特维耶夫的《运动训练原理》和吉雅契柯夫的《运动过程的控制与最优化》分别于1971年和1972年发表。同期，我国体育工作者也开始超越专项的局限，去探索训练中的某些共同规律，相继出现了一些训练学研究成果，如唐礼等《优秀运动员多年训练规律的研究》和步润生《周期性运动项目训练负荷与运动成绩的关系》等，是我国最早的训练学论着。

（二）运动训练学的稳步发展

1983年，我国运动训练学理论进入系统研究阶段。范玲嶙和徐本力分别研究竞技运动训练的科学化以及运动训练的控制模型等问题。通过对中华人民共和国成立后我国一批优秀运动员训练过程的纵向研究，田麦久从时间角度研究优秀运动员多年训练过程的类型特点，否定了自然发展式的多年训练过程安排，同时提出较为合理、科学的多年训练过程结构理论。

20世纪80年代末—90年代初，田麦久等在一般训练学和专项训练学之间加入一个新的理论层次——项群训练理论，从而使运动训练学的学科理论更加丰富，标志着我国训练学研究进入一个崭新的发展阶段，带动和影响一大批知名学者加入运动训练学理论研究领域。1994年，北京体育学院获得运动训练学博士学位授予权，此后，一大批优秀的运动训练学中青年人才脱颖而出，使运动训练学的理论研究呈现出百花齐放的崭新局面。

（三）运动训练学的蓬勃发展

20世纪90年代，运动训练学理论研究所涉及的内容更加广泛，同时，不少的专家对以前运动训练的基本问题提出自己的看法，最激烈的莫过于对周期训练的关注。人们在新的竞赛条件下，开始重新审视马氏周期理论。马氏周期理论对准备期和竞赛期的负荷量和强度规定过于固定，有碍于运动员更好地、更多次地出现竞技状态高峰，而且准备期和竞赛期训练内容和方法的安排有碍于运动员成绩的提高。相反，更多的学者却在重新解读马特维耶夫周期理论的原始文本时，认为马氏从哲学高度已经预见到了除体能项目之外的其他项目会有不同的周期特征，而且多次解释竞技状态的概念。

此间，具有标志性意义的项群理论在运动训练和体育战略研究中得到充分的运用和发展，运动训练学理论研究进入快速发展阶段。同项群的潜优势项目得到快速发展，在国家体育总局和各省、市体育局制定体育发展的战略规划时，都离不开项群理论的指导。

二、运动训练和竞技体育

（一）运动训练的基本定义

自从有了运动训练活动，出现了零散的运动训练理论，对运动训练本质的认识就一刻没有停止过。随着人们对运动训练实践活动认识水平的深入，运动训练的内涵得到了充分的挖掘。国内外众多体育专家和学者都尝试着从不同角度出发对运动训练这一实践活动进行界定，给出了具有不同侧重点的定义，对运动训练实践起了很大的促进作用。运动训练是竞技体育活动的重要组成部分，是在运动训练团队成员的积极参与下，为提高运动员的竞技能力和运动成绩，专门组织的有计划的体育活动。

运动训练活动都是围绕着提高运动员的竞技能力和运动成绩进行的。运动训练的直接目的是提高运动员的竞技能力，继而通过参加运动竞赛，将其已获得的竞技能力转化为运动成绩。教练员和运动员是运动训练活动的主体，教练员是运动训练计划的制定者及运动训练活动的组织者与指导者。运动员既要在教练员的指导下从事训练实践，也要积极配合教练员，与教练员一起设计、组织自己的训练活动，并参与对这一训练过程的有效控制。同时，训练管理工作者、科学家、医生等也都是运动训练活动的积极参与者。

运动员的竞技能力和运动成绩的提高有着客观的规律，只有遵循训练规律，科学地制定并认真地执行运动训练计划，才能取得运动训练活动的成功。

（二）竞技体育概述

竞技体育是体育的重要组成成分，竞技体育是以体育竞赛为基本特征，在体育竞赛中把创造优异运动成绩、夺取比赛胜利作为主要目标的体育活动。

1. 竞技体育的源起

体育运动是在人类发展的过程中逐步形成与发展起来的，竞技体育也是一样。原始人类为了能够在赖以生存的狩猎活动中，更快地、更长时间地追逐，为了能够在猎取野兽的搏斗中，更容易获胜，开始采取跑、跳、投等多种形式的身体活动，有意识地对自己的运动能力进行培养，逐渐形成了初级的身体练习活动。随着社会的发展，各种身体活动形式被人类不断地加以分类、提炼和总结，并相互比较，渐渐演化出了区分胜负的竞技活动。另外，在原始社会末期，由于部落间频繁发生冲突，为了增强部落成员的作战能力，也逐渐加入竞技运动的内容。人类在旧石器时代晚期已经有了初步的分胜负的比赛意识和一定的体育竞赛形式。随着人类社会文明的发展，人们的价值取向逐渐由单纯的生存需要转为包括休闲、愉悦、观赏在内的多元需要，人们出于强身健体的目的而参加竞技活动的现象越来越普遍，竞技运动的审美观念也逐渐形成。随着价值观的演化，竞技运动和生产活动的联系逐渐减弱，成为一种更具相对独立性的社会活动。

综上所述，竞技体育形成和发展的基本原因是多元的，具体体现在三方面：

（1）生物学因素，即人们为了更好地提高自身活动能力而创立和发展了竞技体育活动。

（2）心理学因素，人的“取胜和对抗的本能”及“追求胜过对手”的动机推进了竞技运动的形成。

（3）社会学因素，人们已全面地认识到竞技体育在推进经济和社会发展进程中的重要价值，参与和观赏竞技体育已经成为人类社会生活不可缺少的组成部分，从而有力地推动了竞技体育的发展。

2. 现代竞技体育的发展历程

1896 年第一届奥林匹克运动会的召开，是现代竞技体育的发端。123 年来，现代竞技体育作为体育这一具有重大影响的社会活动，获得了蓬勃的发展。具体体现在以下四方面：

（1）竞技体育在世界范围广泛开展。19 世纪后半期，现代竞技体育首先在欧美工业发达国家开展起来。而随着经济、文化、科学技术的全球性发展，亚非拉众多国家加快了现代化的进程，竞技体育也得到了广泛的开展，世界各地的无数青少年积极参与运动训练和竞技比赛；对各个地域、各种肤色、各个阶层的人们来说，观赏竞技体育都已成为人们生活中不可缺少的重要组成部分。不发达国家的竞技运动水平也得到迅速地提高。亚洲的乒乓球、羽毛球、体操、柔道，非洲的中长跑，拉丁美洲的足球、排球与短跑等项目的竞技水平都位居世界前列，成为欧洲与北美国家在世界赛场上的有力对手。

（2）建立了相对完整的管理体制。竞技体育百年发展的同时，也建立了相对完整的管理体制。现代世界竞技体育活动是以国际奥委会及各单项联合会为核心组织进行的。另外，还有不同人群的国际体育组织（如国际大学生体育联合会、国际军人体育联合会、国际残疾人体育联合会等）分别组织自己领域内的竞技体育活动。在各大洲、各个国家及地区，也都相应地建立了奥委会和单项联合会（或协会），肩负着同样的使命。这些体育组织确定规则，组织比赛，筹集资金，进行培训，构成了全球性的管理网络。在 21 世纪，随着亚非拉国家的发展与竞技运动水平的提高，其在国际体育组织和国际体育活动中的合法权益必将会取得新的进展。

（3）运动竞赛活动日益活跃。运动竞赛是竞技体育领域最有代表性、最有活力的组成部分。运动选手们在竞赛中显示本领，较量实力，决战胜负；观众在竞赛中欣赏技艺，观战搏击，并会亲聚友，进行社会交流；竞赛的组织举办者则开展广泛的文化及商业活动，树立并宣传举办国或城市的发展形象，亦谋求可观的经济效益。百年来，各种类型、各种规模的运动竞赛在世界各地日益活跃地开展了起来。奥运会、单项锦标赛、世界杯赛及系列大奖赛是最有代表性的世界性比赛，已经形成了完整的赛事体系。与其相对应的各洲、各国、各地区、各省市、各协会组织的比赛，以及不同职业、不同年龄等不同人群的比赛为现代社会生活增添了绚丽的色彩。产生于希腊的古代奥林匹克运动会自公元前 776—公元 393 年，举办了多届运动会。1888 年，法国人皮埃尔·德·顾拜旦（1863—1937 年）首先倡议恢复奥运会。第一届现代夏季奥林匹克运动会于 1896 年在希腊雅典举行。今日的奥运会已成为世界性的盛大节日，是规模最大的世界性民众聚会，是高水平竞技体育的世界赛事。2008 年北京奥运会获得了巨大的成功，中国遵循“绿色奥运、科技奥运、人文奥运”三大理念，以一届“有特色、高水平”的奥运会和残运会赢得了“无与伦比”的称誉，为世界竞技体育和国际奥林匹克运动的健康发展作出了卓越的贡献。

（4）竞技运动水平及运动训练科学化水平不断提高。现代竞技体育发展百年来，各国优秀选手们的竞技运动水平明显提高。如体操、跳水、蹦床以及自由式滑雪空中技巧运动员在空中同时沿着身体的纵轴和横轴做出了令人眼花缭乱的旋转；举重运动员把 3 倍于体重的杠铃举过了头顶；篮球选手飞身空中，由上而下把篮球扣入篮筐；花样滑冰选手则在冰上跳起旋转 1440° 。

（三）运动训练与竞技体育的关系

无论从活动的时间、活动的容量，还是从人们投入的力度来看，在竞技体育的多种构建中，运动训练都是最主要的。理想的运动员选材是为运动员训练提供优质的素材，运动竞赛则是对训练成效的检验。运动员的竞技能力来自于遗传效应、生活效应及训练效应多元的途径，其中，训练效应是运动员获得竞技能力量重要、最有效的途径。只有通过长期、系统、科学的训练，运动员的竞技能力才能达到较高的水平，才能在复杂多变的比赛中取得优异的运动成绩。

（四）运动训练与运动员选材的关系

运动员的竞技能力包括有先天遗传性竞技能力和后天训练获得性竞技能力两个部分。科学的选材选出了具有优越的先天性遗传能力的可造之材，还必须在此基础上通过科学的训练才能有效地发挥运动员的竞技能力，并使得运动员先天遗传性的竞技能力得到充分的展现。选材为成功的训练准备了重要的前提条件，但如果没有科学的训练，再好的素材也不可能成为优秀的选手。

（五）运动训练与运动竞赛的关系

成功地参加竞赛是运动员训练的最终目的。运动训练的内容和安排应力求符合各个运动项目的特点和竞赛规则的要求，最终求得在比赛中充分表现出已经具备的竞技能力。同时运动竞赛的特定条件和气氛，为创造高水平运动成绩提供了平时训练中难以具备的良好条件，而运动成绩也只有在专门组织的比赛中表现出来，才能得到社会的承认。运动员的比赛成绩正是对其训练效果的最好检验。

三、运动训练学的研究任务及方法

运动训练学是研究与运动训练有关的规律的一门学科，运动训练学是连接体育基础学科和运动训练实践的重要桥梁。运动训练学一方面将运动生理学、运动心理学和运动生物力学、人文社会科学等学科的理论整合并应用到训练实践之中，另一方面将运动训练的实践经验经过整合升华为理论。运动训练学包括“一般训练学”“项群训练学”“专项训练学”三个层次。

一般训练学是以阐明运动训练基本理论和训练过程中带有共性及普遍性规律的理论体系；项群训练学是以研究项目本质相关度较高的项目群组共性的规律的理论；专项训练学是以研究一个项目本质特征、训练控制规律和参赛行为的理论。在这三个层次的运动训练理论研究中已经形成了一个较为完整的体系，其中一般训练学源于专项训练理论，是以专项训练理论为基础，从各个专项训练理论中总结出带有广泛适用性的共性规律，并使其上升为对不同项目的运动训练活动具有普遍指导意义的理论。因此，运动训练学研究的主要目的是揭示运动训练活动的普遍规律，指导各专项运动训练实践，使各专项的训练活动建立在科学的训练理论基础之上，努力提高训练的科学化水平。

（一）运动训练学的研究任务

从现代运动训练学发展趋势来看，运动训练学研究的主要任务概括为以下五个方面：

（1）研究现代竞赛制度下，各个项目本质特征变化的总体趋势。

（2）深入探索负荷刺激产生的生物适应性变化规律。

（3）广泛吸纳现代科技成果和多学科的前言理论，提高训练、参赛过程的科技含量，探索训练方法手段的原始性创新。

（4）研究多种竞赛体系对运动训练过程和参赛过程的普遍影响。

（5）系统研究训练过程的质量控制规律，提高现代运动训练的绩效。

（二）运动训练学的研究方法

理论与实践相结合是运动训练学方法理论研究最基本的方法。运动训练学方法理论是一种具有非常鲜明实践性特征的方法理论。它的研究必须依托于实践。实践既是理论研究的基础，同时实践和理论紧密结合也是运动训练方法研究的极其重要的方法之一。理论研究的目的在于解决问题，运动训练学方法理论研究的问题则是来自于运动训练的实践，而理论研究的结论和成果又必须回到运动训练的实践中去接受检验，由此才可以形成具有科学性和权威性的理论，并真正达到服务于运动训练实践的目的。所以，从实践到理论，再从理论到实践是运动训练方法理论研究的基本方法。

在运动训练学方法理论的研究中，同样也遵循着其他理论研究的共同规律，在自然科学和社会科学研究中所运用的研究方法也同样体现在运动训练学方法的理论研究过程中，比如：观察法、实验法、模拟法等。同时作为理论研究还必须要运用科学的抽象和概括的方法，因为对于观察、实验或模拟的研究过程中所获得的经验材料，还要进行理性的加工，才能把客观事物和客观现象运动的本质抽象出来，通过科学的抽象才能对观察、实验和模拟的结果进行科学的说明，在此基础上也才能实现理论上的真正创新。其次，在运动训练方法理论的研究中，还要运用到一些基本的逻辑方法。比如：比较和分类、类比、归纳和演绎、分析和综合、证明和反驳等，这些逻辑方法的运用，可以将观察、实验和模拟方法中获得的经验材料上升为能够真正反映客观事物和现象的本质特征和内在规律的科学严谨的理论。同样要将现代先进的信息理论、信息技术以及计算机技术和网络技术，融入运动训练方法理论研究的方法体系之内，使研究工作的方法体系更具科学性和严谨性。

四、运动训练学的的发展趋势

运动训练学的未来发展趋势如下：

（一）运动训练理论体系得到发展

从 20 世纪 50 年代起，随着系统、不间断训练的开展，运动训练理论得到完善，形成了完整的体系，并始终支配着其后几十年的训练实践。从 20 世纪 70 年代末起，当竞技体育进入商业化、职业化进程时，这一理论体系就逐渐受到了严峻的挑战，争论纷起。迄今为止，因各项赛制均产生重大改变，训练界、学术界的质疑、辩论、探讨虽然已进行了 40 多年，但依然热烈。争论的焦点突出表现在有关训练过程控制的理论原理方面。

建立在较低成绩水平上的训练理论体系，面对当前高水平的成绩与新的赛制，肯定有其不适应的地方。但是，在探讨问题时必须分清：是该理论体系的核心原理不适用，还是操作步骤的不适用。是因操作者理解有异而产生的失误，还是原理本身存在的失误。

近 40 多年来，我国对传统训练理论体系也进行了多次深入讨论，绝大多数学者与教练员认为传统理论体系的核心原理基本揭示了运动员训练的客观规律，这是无可非议的。我国优势项目的训练实践也证实，如乒乓球、跳水、体操等项目，核心原理并不因赛制的改革与比赛次数的增多而改变，在现实中并没有失去其运用的价值。

商业化、职业化进程毕竟对运动训练有着极为深刻的影响，极高的成绩水平确已使训练的具体操作过程有所提高。传统理论中有关操作的内容应在新的形势下得到改变，这已是势在必行。传统理论体系的奠基人、俄罗斯学者马特维耶夫教授针对近些年的变化已提出了新的操作方案，并在 21 世纪初又出版了多部理论新着。随着商业化、职业化进程的深化，新的思维、新的研究成果必将出现，将进一步充实与丰富训练理论宝库。特别是运动训练过程的控制理论，将得到更新。

（二）运动员体能训练的手段与方法得到发展

在奥林匹克运动百年的发展中，各项目的运动成绩均达到了前所未有的高水平。从多年的比赛看，除以动作技巧作为胜负判别标准的项目外，相当一部分项目的技术已近乎完善，以新异动作出奇制胜的可能性已极小。同时，近些年各单项联合会已对不以运动员自身因素发挥而由高科技无限制地渗透，或背离本项目宗旨的动作形式和做法来提高运动成绩的行为引起一定的重视或予以限制。例如，国际自行车联合会已规定车的结构和部件标准限制车辆的研制。加之反兴奋剂的措施与力度加大，就使运动员自身体能在创造优异成绩过程中的重要性达到了前所未有的程度。

历年来运动员的基本体力能力的训练手段与方法，如力量、速度、耐力、柔初等素质的训练手段与方法，在较为成熟的生物学科原理支撑下，均已得到较为深刻的研究与实施，已趋于成熟。这方面的突破将有赖于这些学科的深入发展及新的发现。高水平的专项运动成绩将要求运动员在专项活动中把它们更为和谐地融合在一起，更为协调地相互配合，独立地对它们的训练将不再与成绩提高的要求相吻合。在相对较长的时期内生物学原理不会有大的变化的前提下，人们必然将对它们相互间的影响与协同开展新的研究，进行新的思考与探索。未来的训练手段与方法将紧密结合这方面内容而产生，并得到完善。

（三）训练理论的研究将围绕各个运动专项的特点展开

现代运动训练的特点之一是训练负荷的量与强度均处于极限的水平。在目前量与强度再也无法增加的情况下，训练的科学性将突出地表现为如何施加有效的训练负荷，减少无谓的、盲目的、无效的训练。提高训练的有效性，关键在于全面、准确地理解“专项”，把握专项特点，这才能使训练有针对性地、合理和科学地进行。

现有训练理论和有关的生物学科最大的不足，在丁把各个运动项日的特点作为“专项”的特点对待，而没有把“专项”看作是一个相对的概念、是与运动员训练水平相符的比赛本身。现代运动训练的原则之一就是必须进行“专项训练”，达到优异运动成绩的唯一途径只能是”专项训练”。也正是由于缺乏对各个专项特点的研究，缺乏对专项特点的揭示，才使许多训练变成无效的劳动。

从目前训练理论的研究动向看，上述问题已被许多学者、教练员有意或无意地认识和思考，并正在进行一些有益的工作，但是尚未得到广泛、全面的展开，尚未有深入的成果。因此可以预见，在实践需要的驱使下，训练理论的研究将在这方面得到新发展。

（四）运用高科技成果使训练更为理性化

信息化、系统化是当前各个产业发展的方向。近40年来，相当一部分学者和科研人员在力图运用高科技的成果使运动训练向这个方向发展，以使训练有控制地进行，并做了大量的、有益的，甚至是十分艰苦的尝试。然而，迄今为止，这方面的成果仅表现为对个别或局部问题的统计、归纳，或对结果的监测，仅处于对表面现象的解释的低层次阶段，离建立起依托于高科技，能有效指挥训练运作的完整体系尚远，其原因在于：生物学科研究工作的滞后，基础学科还没有完全揭示训练中生物学变化的根本规律；研究人员缺乏对“专项”特点的正确理解；运动员创造运动成绩是其训练水平诸因素动态的结合，而不是一种静态的表现，高水平成绩的产生并不存在“客观的模式”。组成训练水平的诸多因素均是变量，而寻求影响各个变量之间动态结合的“点”，其面之广难以想象，以至于难度极大；运动员的成长是一个庞大的系统工程，既有生物学的内容，也有社会学的内涵；既有可控的因素，也有不可预见的变化；既有可量化的指标，也存在着不可估测的因素。对那些非可控、无法量化的东西予以计量，尚需时日；没有形成群体合作研究。每个科研人员专注于自身学识，不会对影响运动员训练水平的所有因素都有透彻的认识，因此必须形成研究的合作群体才能有所作为。

鉴于当前运用高科技成果使训练更为理性化的工作非常缺乏，随着教练员与科研人员素质的提高，训练中各方面客观规律的进一步揭示，训练理论未来在这方面的研究将会得到一定的发展，相信一定会有所作为。

第二节　大学生体育运动训练的基本原则

人类在多种多样的社会活动中，不断认识事物发展的客观规律，并据以确立自我行为的“原则”。原则对于人们的行为给予指导、予以约束，帮助人们的社会行为取得更好的结果。原则是人为确定的。在科学的工作原则指导下，工作就会有进展；而如果确定的工作原则不科学，甚至做了错误的选择，就难以把工作做好，常常还会造成严重的失误。因此，科学地确定工作的原则极其重要。

作为一种专门组织教育过程的运动训练，同任何事物一样，都受客观规律支配，不以人主观意志而改变。经过长期的运动训练实践，人们不断总结成功的经验和失败的教训，通过探索实践逐步科学认识训练过程的客观规律，将感性认识（实践经验和科研成果）升华为理性认识，提出指导运动实践科学训练的原则。

运动训练原则是人们活动的依据，是人们对多种多样的社会活动内在规律的总结，是人们认识事物发展规律的正确体现。运动训练原则，是依据运动训练活动的客观规律而确定的组织运动训练所必须遵循的基本准则，正确认识人体运动竞技能力的变化、提高与表现的规律，是确立运动训练原则的基本依据。运动训练原则，是指根据长期的训练活动对训练实践普遍经验的高度概括和长期的科学研究成果的结晶，反映运动训练的客观规律，是科学运动训练的指导原理。运动训练原则有导向激励与健康保障原则、竞技需要与区别对待原则、系统持续与周期安排原则和适宜负荷与适时恢复原则，这些原则是针对每个运动项目的训练的，具有普遍的指导意义。

随着训练实践的不断深入，积累丰富的经验，训练原则变得更加科学。运动训练原则是人们根据事物发展的客观规律而制定的，是对每个运动项目训练实践普遍经验的概括，具有普遍的指导意义。运动训练原则的本质特征——反映运动训练过程的客观规律，不能反映运动训练过程的客观规律就不能成为运动训练原则。任何违背训练原则的运动，违背客观规律，训练就会受挫甚至失败。在中国对竞技运动训练实践发展的不同阶段，根据当时对运动训练规律的认识，提出不同的运动训练原则，使中国的竞技水平不断地提高，极大地完善了运动训练原则。21 世纪中国的竞技运动水平实现新的突破，新的起点要求大学生们不断丰富运动训练原则体系，使我国竞技水平持续健康发展。

在我国竞技运动发展进程中，基于教育学理论建立的运动训练原则体系与基于跃进思维和军队练兵实践建立的运动训练原则体系，都对我国竞技运动训练活动产生积极的影响，但也各有不足。考虑到竞技体育高挑战性与高风险性等特点，应高度重视运用辩证协同思想指导运动训练活动。依此归纳梳理的运动训练原则体系更好地反映人体运动竞技能力的变化、提高与表现的规律。辩证协同训练原则理论体系包括：导向激励与健康保障训练原则、竞技需要与区别对待训练原则、系统持续与周期安排训练原则、适宜负荷与适时恢复训练原则。辩证协同训练原则基本思路是：辩证地认识和解决训练实践中遇到的诸多矛盾；有效地组织和推进矛盾双方的协同效应。随着社会的不断进步，科学的不断出新，各个学科知识将在运动训练及理论的研究中更为广泛地渗透和运用，运动训练原则还将得到不断的完善。

一、导向激励与健康保障训练原则

（一）导向激励与健康保障训练原则的概念

导向激励与健康保障训练原则，是指以实现预设目标为导向，激励运动员积极参与，并在为运动员身心健康提供有力保障的条件下组织运动训练活动的训练原则。这项原则将动员激励运动员积极主动刻苦地训练与高度重视并采取有效措施保障运动员健康这两个范畴辩证地组合在一起，形成组织训练活动重要的指导思想。

导向激励可来自被激励者内部，也可来自其外部，即动机激励与社会激励。动机是推动人们从事某种行为的内部驱动力。人类从事任何活动，其动机都起着重要的作用。积极的动机会激发斗志，振奋精神；消极的动机则使意志松懈、不思进取。运动员的训练过程是艰苦的，需要克服许多困难，才有可能获得成功，因此，参加运动训练，需要建立正确的积极的动机；坚持运动训练，需要不断地完善正确的积极的动机；用正确的积极的动机激励运动员，自觉地投入到艰苦的运动训练活动中去，为实现训练目标而不断努力。在培养和激发运动员运动动机的过程中，教练员要善于交流和诱导，全面了解运动员的心理变化和身体反应，加强运动训练的科学管理，建立与竞赛目标一致的组织管理体系，并且引导运动员树立正确的运动动机。

导向激励原则解决运动员的训练动机问题，长期艰苦的训练需要不断的动机激励，同时健康保障是运动员的重要人权。运动员是一名普通公民，理所当然应该具备最起码的健康保障。

在运动训练过程中，教练员要把导向激励原则与健康保障原则相结合，注重运动员的健康保障，注重运动员的身心健康，加强医务监督，目标控制，注意信息反馈，及时调节训练内容、方法、负荷与安排。运动员则要树立正确的参训动机，兼顾国家与个人的利益，国家培养运动员，运动员应该把国家利益放在第一位，为国家的体育事业努力拼搏、多做贡献，在为国家出力的过程中获得应得的个人利益。所以，与此同时，要认真贯彻健康保障训练原则。

只有充分挖掘运动员的竞技潜力，对队员机体提出高要求，才能使竞技体育迅速发展，但同时对队员的健康带来一定的风险。所以为了运动员的身体健康着想，必须认真贯彻健康保障训练原则。运动员的健康有了基本保障，既是尊重与保护运动员的基本健康权，又是运动员坚持多年系统训练创造最佳运动成绩的必要条件。

国内外许多教练员和运动员在其训练实践中深切地感受到健康训练的重要性。例如，中国女子体操队总教练陆善真，在备战和参赛 2008 年奥运会过程中提出将“保护性训练”列为一条重要的训练原则；美国 NBA 球员受伤后停训停赛接受治疗，只有在医生确认恢复后，才允许重新参加比赛。

导向激励与健康保障是运动训练活动中应该遵循的重要原则。辩证地认识两者之间的内在联系及可能发生的矛盾，不断地激励运动员主动训练、刻苦训练，同时密切关注、切实保障运动员的身心健康，更好地发挥两者的协同效应，才能使训练工作取得成功。

（二）导向激励与健康保障训练原则的基础

（1）长期艰苦的训练需要不断的动机激励。动机是指推动人们从事某种活动的内部动力，成功动机是运动员参加训练的重要原动力。人们都是怀着对未来成功的美好愿望参加某项活动的，渴望成功的动机给人们以鼓舞和激励，使他们能够自觉地、积极地投身于其中。对于竞技运动训练这一需要参与者付出巨大努力但是最后结果又充满不确定性的事业来说，只有激发强烈的成功动机，才能够吸引千百万有潜能的青少年自觉地投身于体育运动训练与比赛之中。

（2）健康保障是运动员的重要人权。体育是现代社会生活的重要组成部分。人们之所以热爱体育，是因为它能够给人们带来健康和快乐，带来成就和激情。违背体育运动根本宗旨、损害运动员健康的要求和行为都是应该反对和防止的。服用违禁药品破坏竞技公平，并对运动员肝脏、内分泌等器官和系统造成损害，所以要坚决反对；过度训练、过度疲劳会严重损伤机体功能，所以要科学预防；为了夺标，运动员严重伤病仍上阵参赛，会明显加重伤情病情，所以应予以制止。保护运动员健康是维护运动员人权的重要组成部分。

（3）健康的身体是保持系统训练并取得优异成绩的重要基础。当代竞技体坛众多的案例表明，选拔具有巨大竞技潜力的青少年运动员，系统地进行多年训练，才有可能培养出优秀的竞技选手。在多年持续的艰苦训练过程中，运动员保持健康的身体至关重要，有了健康的身体，运动员才能坚持严密计划的系统训练，承受高质量的训练负荷，进一步地提高和完善自己的竞技能力水平，在各种条件和水平的比赛中表现出自己具有的竞技能力。青少年体质健康是一个系统工程，需要社会齐抓共管，形成合力，共同促进青少年健康成长，教育、体育部门及共青团、新闻媒体要共同构建一种健康的生活理念，坚持不懈地抓好青少年的体质健康，营造全社会都关注青少年体质健康的社会氛围。

在不断追求突破多年训练过程的道路上，经常会遭遇运动伤病的发生。如何正确对待运动伤病出现是关键的问题。有些教练此时还是一味蛮干，脱离实际地片面强调“苦练”，致使运动员的伤病逐渐加重，结果导致训练的系统性遭到严重的破坏。正确的做法是，区别对待，迅速治疗，配合医师的治疗，结合科学的诊断，制定明确的医疗方案。及时调整训练计划，能够保持局部的训练，在确保身体伤病能够尽快治愈的前提下，适当地组织不会导致病情加重的训练内容。美国 NBA 在对运动员伤员的治疗与参训制度方面值得大家借鉴。

（三）导向激励与健康保障训练原则的要点

（1）树立正确的参训动机，协调兼顾国家与个人的利益。运动员从事竞技体育是有目的的行为，参训目的的定位对于运动员参训的积极性与自觉性程度有着重要的影响。需通过多种途径和方法，加强训练的目的性教育和正确的人生观、价值观教育，使运动员认识参加竞技运动训练、获得优秀运动成绩对国家、民族、家庭及个人的重要性及其巨大的社会价值，从中得到鼓舞和激励，逐步树立积极自觉的训练态度。同时，要注意协调兼顾国家与个人的利益，使运动员把为国家、为集体争光的责任感和荣誉感与体现个人人生价值、创建高质量的家庭与个人生活紧密地结合起来，从而激发强烈的目标动机，勇于克服困难，坚持实现训练目标。随着运动员竞技经历的演变，运动员的参赛目标也需要及时调整，才能对运动员起到更好的激励作用。

（2）以人为本，加强医务保障。关注运动员身体健康是以人为本的现代管理理念在训练工作中的重要体现。同时，作为运动训练活动的主体，运动员的健康状况对于训练活动的组织以及训练成果的好坏有着重要的影响，应得到高度的重视。因此，需要建立完整的健康保障体系，包括日常的医务监督、定期的健康体检、及时的医药治疗和发生意外伤病时的应急机制。运动员发生运动创伤后，须及时诊断。需要停训、停赛治疗的，应坚决停训停赛。不要因为追求一时一事的竞技利益而使运动员的身体健康受到不应有的损害。

（3）做好目标控制、信息反馈、及时调节。顺利贯彻导向激励与健康保障原则的重要前提是，对运动员运动训练过程实施目标控制、加强信息反馈、及时调节。运动员一切训练活动目的是为了达到训练目标，合理安排训练的周期、确定训练内容、选择科学的训练方法和把握训练负荷，而不是硬性完成训练计划，不应强制性地要求运动员参加主要训练任务以外的其他商业性的比赛活动。

要对运动训练过程进行科学有效的监控，准确把握运动员技术战术掌握的质量与存在的问题，准确把握运动员体能发展状况与负荷后的机体反应，准确把握运动员心理活动的状态与变化，准确了解运动员的专项认知水平与专业知识水平，并及时地反馈给教练员和运动员，对运动训练计划、对训练的实施与要求做出科学的合理的调节。以求做到既不断地激励运动员刻苦训练，又切实关心并保障运动员的身心健康。

二、竞技需要与区别对待训练原则

（一）竞技需要与区别对待训练原则的概念

竞技需要与区别对待训练原则，是指根据运动项目比赛的共性特点从实战出发，针对运动员个性特征，科学安排训练过程的周期、阶段划分及训练的内容、方法、手段和负荷等要素的训练原则。

一切训练活动都应该从比赛的需要出发而设计规划和组织实施。竞技体育的发展需要秉承以人与自然、社会、人及其自身为主的“和谐”这一核心发展理念，更需要以此为基础而确立以人本、公正、责任为重心的基本发展原则，从而为进一步完善以人的全面发展为中心的竞技体育发展目的奠定更为全面的理论基础。

在运动训练过程中，在制定训练内容的时候要把竞技需要原则与区别对待原则相结合，要依实战需要决定训练内容、方法、负荷与安排，并不断地检查、验证、调整。依据运动专项竞技的特异性，运动员竞技能力结构的个人特点，针对个人特点组织训练，并随着水平提高及时调整训练计划。

运动训练实施过程是个人针对性特点所决定的。运动员各方面的条件千差万别，不仅各人的起点不同，而且随着训练过程的发展而不断地发展和变化。如有的运动员训练初期进展不快，但到了某一阶段进展就可能突飞猛进，有的开始进展很快，但后来反而慢了下来；有的某些运动素质好，而有的另一些运动素质好；有的适应大负荷量的训练能力强，而有的适应大负荷强度的训练能力强；有的在这一方面存在问题，有的则在另一方面存在问题，如此等等。这些都要求在训练中区别对待，才能收到好的训练效果。例如，在一些球类集体运动项目中，如篮、足、排球，还由于位置分工的需要不同，在运动素质、技、战术的掌握和运用，以及对心理品质的某些要求上也有不同的特点和重点，在训练过程中也必须区别对待。

运动项目普适性的竞技需要与特定时间空间条件下运动员的个体特征是既有矛盾又紧密联系的两个方面，科学地认识它们之间的辩证关系，并充分发挥两者之间的协同效应，是人们应该遵循的重要训练原则。

（二）竞技需要与区别对待训练原则的基础

（1）竞技比赛对于训练活动的导向性。目标是人们行为的终点，对于人们的行为起着重要的导向作用。人们的一切行为都应该服务于既定目标的实现，训练活动也是一样。运动训练的最终目标是成功地参加比赛，实现预期的比赛结果。因此，一切训练的内容、方法和手段的选择及训练负荷与节奏的安排都应该围绕着成功参赛的需要而组织实施。人们根据所设定的运动训练目标去选择运动训练的内容，训练的内容都是服务于特定的任务和目标。选择安排不同的训练内容，就会发展不同的运动能力，只有按照专项竞技的需要去选择训练的内容，才有可能使得运动员的专项竞技能力得到迅速的提高，才能为成功参赛做好准备。

（2）运动专项竞技的特异性。不同的运动项目有着不同的竞技特点，要求运动员具有不同的竞技能力结构。构成运动员竞技能力的体能、技能、战术能力、心理能力和知识能力，在不同项目竞技能力结构中的重要程度又有所不同，这就要求全面、准确地认识和了解自己所从事的运动项目竞技能力结构的特点，进而选择与专项竞技需要相符合的训练内容、手段及制定相对应的运动负荷方案，有效地组织运动训练活动。

现代运动竞赛中的竞争性和对抗性日益激烈，促使人们把提高专项比赛能力的任务和为提高这一能力的专项训练放在首要的位置，运动训练的内容、方法、手段及负荷都表现出鲜明的专项化趋向。学生的期基础阶段的训练也应以未来高水平专项竞技的需要为导向，将早期基础阶段的训练与优秀运动员的专项训练有机地衔接起来，为专项高水平竞技阶段的训练和参赛打下良好的基础。

运动专项竞技的需要对丁训练活动具有鲜明的导向性。针对专项竞技的需要组织训练，会明显地提高训练工作的效果，使教练员和运动员付出的辛勤劳动和成果在专项比赛中得到充分的展现；而如果对专项竞技的需要考虑得不够准确或者不够充分，将会给训练工作带来盲目性，往往会事倍功半，花费巨大的精力却难以取得理想的训练效果。

（3）运动员竞技能力结构的个体性与变异性。运动训练实践具有鲜明的多样化的特点，而且，又处于不断的变化之中。不同项目、不同运动员，以及在不同状态下所表现出的特点，包括决定竞技能力的各个因素，教练员的业务水平，对训练的战略部署和战术安排，训练所处的阶段和具体要求，以及气候、场地、器材等外界环境，等等，都各有不同，又无时不处于不断的运动和变化之中。同一名运动员的训练状态在不同阶段、不同时刻的表现，不同训练环境和训练条件，也都对训练的内容和组织实施提出明显的不同要求。这些因素的不断运动及变化，都要求教练员及时根据训练对象的具体情况有区别地组织训练。

（三）竞技需要与区别对待训练原则的训练要点

1. 研究项目特点与专项竞技的需要

不同竞技项目有着不同的竞技特点和不同的训练要求。贯彻竞技需要原则要先明确怎样能够在这个专项的比赛中获胜。运动员的比赛结果，取决于自己具备的竞技能力及其在比赛中的表现、对手具备的竞技能力及其在比赛中的表现、比赛结果的评定行为等三十要素。运动员要想在比赛中获胜，就应该提高自己的竞技能力并在比赛中充分发挥和表现出来，要在规则允许的范围内抑制对手竞技能力的发挥和表现，还要在规则允许的范围内力求得到有利于自己的评定和裁决。因此，作为生产运动成绩的运动训练过程，其核心任务便是发展和提高运动员的竞技能力。故竞技能力在运动训练理论中具有举足轻重的地位。

每个运动项目专项竞技的不同特点，决定其竞技能力构成因素的差异性。例如，举重选手必须有巨大的力量，射击选手应保持稳定的情绪，乒乓球选手需要快速的反应与机动灵活的战术意识和战术能力，篮球选手则需要与同伴默契配合的合作精神。因此，只有对所从事的运动项目的竞技特点作出正确的分析，才能够确定相应的训练要求，选择适宜的训练内容、训练方法和训练负荷。

训练负荷的强度和数量的安排都要考虑专项比赛的特点和需要。例如，马拉松跑、铁人三项运动员的训练课上必须保证有足够的负荷量、有足够的负荷时间，大负荷的专项训练课时应不短于比赛持续时间的两倍；而跳远、投掷等比赛中一次试跳、试掷用时很短的项目，运动员的专项训练课时就不必一定要求很长的时间，在训练中应更加关注练习的强度。体操、跳水、花样滑冰等项目，在专项训练中则特别要注意不断发展和提高动作技术的难度和质量。

2. 根据运动员个人特点针对性地组织训练

运动训练中的区别对待，应该体现在整个训练活动的全过程和全方位之中。面对运动员不同的个人特点、面对不同训练阶段的时相特点，都需要认真贯彻区别对待的训练原则。科学整合力量和灵活高效的组织指挥是代表团圆满完成任务的重要保证。

运动员的思想、健康状况、个性特征、训练水平，以及学习、工作、日常生活等情况均不相同，教练员应对这些情况深入了解并具体分析，因人制宜地在训练中采取区别对待的措施。这就要求教练员要从训练一开始就注意积累建立运动员各方面情况的资料档案，做到对所教的每一个人都很了解。从运动员选材到培养，教练员要了解和分析研究他们生长发育过程中的特殊情况。例如有的生长发育较快，出成绩早，但不见得将来就一定能达到高水平；有的生长发育较慢，出成绩晚，但不见得将来达不到高水平。对这些，教练员都应了如指掌，才能区别对待。

在贯彻区别对待的训练中，要注意与运动员的个性发展相结合。高水平竞技体育的运动训练在某种意义上说，就是一项发现天才、张扬个性、打造极品的事业；优秀的竞技选手大部具备超凡的先天条件，只有充分地发扬其个性特征，才有可能培养出国际级的顶尖高手。高水平优秀选手个性化训练的趋势明显加强，同一项目同一水平的优秀运动选手的训练负荷也会有明显的区别。

三、系统持续与周期安排训练原则

（一）系统持续与周期安排训练原则的概念

系统持续与周期安排训练原则，是指运动员应该系统持续地从事运动训练，并应分阶段作出周期性安排的训练原则。

为了在运动训练活动中实现人体的适应性改造，运动员需要多次承受运动负荷，渐进地提高自己的竞技水平。持续的运动训练可使训练效应不断累加，而训练活动的间断则会降低训练效果。培养一名国际水平的竞技选手，通常需要经过 6 ~ 10 年的系统训练，世界优秀选手都是在多年系统的训练过程中培养出来的。同样，在一个年度、一个阶段的训练中，也要求保持良好的连续性。同时，物质运动普遍存在的周期性特征也清晰地存在于运动训练过程之中。人体运动能力的周期性提高，竞技状态的周期性变化，从重大赛事的周期性举办可以得知，周期性地安排运动训练过程，处理负荷与恢复、分解与综合、训练与竞赛的有机联系，是设计、组织运动训练过程的重要原则。

系统的持续的运动训练过程需要分解成若干个组织周期，不同时间跨度的多个周期组合成系统的持续的运动训练过程。发挥系统训练与周期安排的协同效应，对运动训练活动的成功有着重要的作用。

（二）系统持续与周期安排训练原则的基础

1. 人体运动生物适应的长期性

系统的持续训练是取得理想训练效应的必要条件，人体对训练负荷的生物适应必须通过有机体自身的各个系统、各个器官、各条肌肉乃至各个细胞的变化，一点一点地去实现。运动员的竞技能力是多种能力的综合表现，它不仅涉及生理、心理等各个方面的因素，同时又受先天、后天因素的影响。因此人体机能的适应性改造（包括中枢神经系统功能的改造），不是在短期内所能奏效的。训练对提高运动员竞技能力的影响，需要通过人体内部的适应性改造才能实现。耐力性项目运动员的有氧代谢能力，其肌肉组织内高度的毛细血管化，不是一朝一夕所能形成的；集体球队几名选手之间配合完成某些特定的战术行动，也必须经过长时间的多次练习，使运动员彼此之间建立起相互协调和默契的关系，完成高度协调的战术配合。因此，从人体生物适应的角度来看，运动员应该持续地承受负荷，进行系统的训练。

2. 运动训练效应的不稳定性

运动员在负荷作用下所提高的竞技能力，无论是体能、技能、战术能力、知识能力，还是心理能力的变化，都具有不稳定的特点。当训练的系统性和持续性遭到破坏而出现间断或停顿的时候，已经获得的训练效应也会消退以致完全丧失。例如，体能的变化主要表现为力量、速度及耐力等素质的改变，训练一旦停止，运动素质消退得很快，特别是通过强化的力量训练手段所取得的训练效应消退得更快。又如运动员在训练中技能得到提高，表明在运动员神经系统的有关中枢之间建立良好的暂时性联系，这种神经联系可支配运动器官、骨骼和肌肉完成相应的动作。只有经常地反复强化这种暂时联系，才能够保持动作中各个环节的协调配合。如果中断训练，中枢神经系统对肢体精细运动的支配能力便会受到影响，反应迟钝，最终使动力定型遭到破坏。为了避免技能、体能的消退，克服训练效应的不稳定性，必须在训练效应产生并保持一定时间的基础上重复给予负荷，使得训练负荷的积极效应得到强化和累积，使得运动能力得到不断改进和完善。因此，要想获得理想的训练效应，有效地发展运动员的体能、技能、战术能力、知识能力及心理能力，就必须注意保持训练过程的持续性，系统地、不间断地参加训练。

3. 人体生物适应过程的周期性

在训练负荷下，人体的适应过程是长期的，同时也是分各个阶段实现的。机体对一次适宜训练负荷的反应，可划分为工作阶段、适应阶段、恢复阶段和训练效应消失阶段等。在更长一些时间的跨度内，例如，在几个月至年训练过程中，运动员机体的变化同样经历着竞技状态的提高、保持和下降三个不同的阶段。

为了在重要比赛中创造优异的成绩，运动员总是力求通过科学的训练与安排，使自己在心理上和生理上做好充分的准备，在比赛中最大限度地动员机体的潜力，把自己在训练中获得的竞技能力量充分地发挥出来，创造优异的成绩。运动员参赛的准备状态，称为竞技状态。竞技能力的提高，明显地表现出周期性的特点。在一次负荷下，机体能量消耗产生疲劳，通过机体的超量补偿机制，使得运动员的能力得到提高，在这一基础上又给予下一次负荷，即开始一个新的负荷周期。运动员竞技状态的发展、保持和消失三个阶段的一个完整的训练过程，称为一个训练的大周期。训练的大周期是以参加重要比赛获得满意成绩为目标，以运动员竞技状态发展过程的阶段性特征为依据而确定和划分的。围绕重大赛事组织的训练大周期与竞技状态的阶段性发展由相对应的时期划分，见表 3–1[①]。

表 3–1 竞技状态的阶段性发展与训练大周期的时期划分

竞技状态发展过程	生物学基础	训练任务	训练时期
提高	适应性机制：机体对外界刺激的适应性现象	提高竞技能力，促进竞技状态的形成	准备时期
保持	动员性机制：心理 / 生理能力充分动员，各系统高度协调	发展稳定的竞技状态，参赛创造好成绩	比赛时期
下降	保护性机制：机体自动停止积极的应激反应	积极恢复，消除心理与生理疲劳	恢复时期

（三）系统持续与周期安排训练原则的训练要点

1. 健全多级训练体制

运动员系统的多年训练活动，必须以健全的多年训练体制作为保证。尽管不同国家的训练体制各有自己的特点，但都着眼于保证运动员多年系统训练的实施。为了保证不同层

① 肖涛，孔祥宁，王晨宇 . 运动训练学 [M]. 重庆：重庆大学出版社，2016.

次的训练组织完成各自的任务，使运动员得以保持多年训练的系统性，在最佳竞技年龄区间表现出最高的竞技水平，各个层次的训练必须紧密衔接，防止各级训练各行其是。相应的对策如下：

（1）制定各项目运动员在不同年龄阶段系列的训练大纲。

（2）建立与多年训练各阶段基本任务相适应的竞赛制度。

（3）建立相应的奖励制度。

2. 分段组织系统持续训练过程的实施

运动训练过程的组织实施，必须遵循其阶段性的特点，有步骤、有秩序地进行。而这一步骤则是按固有的程序排列的。如全程性多年训练依次分为基础训练阶段、专项提高阶段、最佳竞技阶段及竞技保持阶段。一个持续 2 ～ 6 个月的训练大周期，依次分为准备时期、比赛时期及恢复时期；一次训练课也依次分为准备部分、基本部分和结束部分等。

训练过程的程序性表现在训练的各个方面。如发展周期性耐力项目运动员的专项能力，应以一般耐力和最大速度为基础；体操运动员学习旋空翻，则必须首先掌握后空翻两周及后空翻转体 360° 的技术。一支足球队要想熟练运用发高角球战术，就必须有队员能从角旗旁向球门前踢出适宜高度、远度、弧度的球，又要有一名或数名队员能在适宜的瞬间冲到门前适宜的位置，跃起争顶，头球破门。这些环节若缺少任何一个，都不可能组织起成功的发高角球战术。练习内容的程序性在许多情况下都是不可逆的，必须按照固有的程序进行，这样才能取得理想的训练效果。忽视训练活动的程序性，会造成许多不良后果。要注意两个周期之间的衔接工作，协调各个周期之间的关系。在结束每一周期和实施下一周期的训练工作之前，进行科学测评，针对前一周期在身体、技术、战术、心理等方面所产生的变化及存在的问题，认真总结经验和教训，作为制定和实施下一周期训练计划的依据，以便使各周期的训练工作有机地衔接起来。

3. 处理训练安排的固定因素与变异因素组合

周期安排原则的依据是，人体竞技能力变化的周期性特征和适宜比赛条件出现的周期性特征，其中，后者是决定训练周期时间的固定因素，而前者则是变异因素，因为重要比赛日程的安排通常与某个项目最适宜的比赛条件的出现是一致的，而且一般在上一年度即已经确定。在竞技体育界，人们普遍认为奥运会冠军的荣誉远比世界纪录保持者要高，因为创造世界纪录不受时间、地点的限制，大多数项目的优秀运动员在任何时间都有可能创造新的世界纪录；而四年一度的奥运会，则要求运动员必须在特定的日期和地点表现出最佳的竞技水平，在与世界各国优秀选手的同场竞技中取胜，显然这一要求的难度大大高于前者。这就要求教练员不仅能使运动员具有所需要的竞技能力，而且能使之在预定的时间里把这种能力量充分地发挥和表现出来。因此，优秀教练员的高超教练艺术更突出地表现在这一点上。

尽管人体本身受着生物节律的影响，但它并非绝对不变，人们完全可以通过训练安排使其在特定的时间里表现出最佳的竞技状态。竞技状态的发展过程是可以由人来控制的，教练员应努力做到有把握地调节这一变异因素，使之与特定的比赛日程安排相吻合。

四、适宜负荷与适时恢复训练原则

（一）适宜负荷与适时恢复训练原则的概念

适宜负荷与适时恢复训练原则，是指根据运动员的现实可能和人体机能的训练适应规律，以及提高运动员竞技能力的需要，在训练中给予相应量度的负荷，负荷后及时消除运动员在训练中所产生的疲劳，通过机体适应的过程，提高运动员竞技能力和取得理想训练效果的训练原则。

在运动训练过程中，训练负荷的安排要以人体机能能力的适应性机制，以训练负荷对运动员机体的良性与劣性影响为科学基础。注意组织训练负荷与负荷后的恢复，积极而谨慎地探求负荷量度的临界值，探讨疲劳的准确诊断与有效消除。由适宜的运动训练负荷引起的运动员机体发生相应程度的疲劳，适时地消除机体在训练负荷影响下产生的疲劳，并促进机体的良性补偿使得运动员的竞技能力得到提高。在训练过程中，存在着负荷与调整、消耗与补充、疲劳与恢复等方面的矛盾。正确辩证认识适宜负荷与适时恢复的关系，将两者发挥协同效应，这是训练中必须遵循的重要原则。

（二）适宜负荷与适时恢复训练原则的基础

1. 人体机能对负荷的适应性机制

有效的训练必须有足量的负荷，训练负荷水平适宜，才既能保证队员的身心健康，又能达到或略超出人体最大负荷承受量，从而对机体产生良性的强刺激，促使机体生理机能、运动机能明显改善，并不断产生运动能力累加的痕迹效应。自 19 世纪末期现代奥林匹克运动兴起以来，运动员的负荷量已大大地增加。例如，20 世纪 20 年代，著名的芬兰中长跑运动员努尔米，一年只训练 6 个月，每周训练 3 ~ 4 次；到 20 世纪三四十年代，瑞典的海格将一年训练的时间增加到 9 个月，他的成绩远远超过努尔米；一个世纪以来，耐力性项目世界优秀运动员年训练负荷量的适度增加，对竞技水平的提高起着重要的作用。

以第 26 届奥运会 5000 米跑冠军王军霞为代表的中国女子长跑选手，承受前所未有的惊人的训练负荷，年跑量超过 8000 千米。王军霞和她的同伴在 1992—1996 年，创造多项世界纪录，夺得多项世界冠军。评定优秀运动员机体疲劳的部分生理生化指标举例见表 3–2①。

① 肖涛，孔祥宁，王晨宇 . 运动训练学 [M]. 重庆：重庆大学出版社，2016.

表 3–2 评定优秀运动员机体疲劳的部分生理生化指标举例

机能系统	生化指标	正常参考范围	简易评定方法
心血管系统	血压 BP	收缩压 90 ~ 140mmHg；舒张压 60 ~ 90mmHg	安静时血压升高 20% 左右，持续两天以上，可能是机能下降或过度疲劳
免疫系统	血清谷氨酰胺	560 ~ 640mol/L	下降 50% 以上为过度训练或免疫力下降
内分泌系统	血清睾酮 T	男 9.5 ~ 35.0nmol/L；女 0.35 ~ 3.50nmol/L	大负荷训练后血清睾酮下降
内分泌	血清皮质醇 C	8 时 165 ~ 720nmol/L；16 时 55 ~ 250nmol/L；24 时 55 ~ 140nmol/L	血清皮质醇上升，为机能状态差或过度疲劳
神经系统	闪光融合频率	32 ~ 38Hz	训练后测试值与训练前正常值之差：1.0 ~ 3.9Hz 为轻度疲劳；4.0 ~ 7.9Hz 为中度疲劳；8.0Hz 为重度疲劳
骨骼肌系统	CK	男 10 ~ 300U/L；女 10 ~ 200U/L	大负荷训练 2 ~ 3d 后，血清 CK 仍高于 300U/L 时，表明负荷较大，身体尚未恢复
物质能量代谢	血尿素血氨	4 ~ 7mmol/L；20 ~ 110mmol/L	

2. 机体在过度负荷影响下的劣变性

运动员肌体承受训练负荷时，会产生应激性的反应。当负荷过大，超过运动员机体所能承受的阈值时，运动员机体则会出现劣变反应。有机体承担运动负荷会产生一个适应过程，当有机体适应这一负荷后，机体的机能会出现“节省”现象。如果负荷仍停留在原有的水平上，不再提高，机体就不再产生新的适应，机体的机能也就不能进一步提高。只有施加更加强烈的刺激，使机体产生新的适应才能提高机能水平，出现新的训练效果。但是如果训练中的运动负荷不是逐步提高，并达到最大限度，而是提高过快、过猛并超过运动员机体所能承担的最大限度，也不能产生新的适应。这不但提高不了运动成绩，而且有损于健康。

过度负荷有时表现在生理方面，有时也表现在心理方面。过度负荷的直接结果是机体出现不适应的症候，这种不适应的症候包括：慢性体重下降，非受伤引起的关节及肌肉疼痛，慢性肠功能紊乱，扁桃体及腹股沟淋巴结肿大，鼻塞和发冷，出现皮疼和肤色改变，周身性肌肉紧张，疲惫不堪、失眠不安等。

上述不适应症候出现后，如果仍不采取措施，使运动员机体得到必要的恢复，那么就会进一步发展成为过度疲劳。过度疲劳会对运动员机体带来很大的破坏，会导致运动员健康状况和体能的明显下降，使运动创伤增加，甚至造成灾难性的后果，有些运动员甚至因此过早地结束了自己的运动寿命。

运动员高负荷训练后、重大比赛后或者遇到某些特殊的经历后，会出现不同程度的心理疲劳。心理疲劳对运动员训练和比赛的状态有着不可忽视的影响，有时会明显超过生理疲劳，给运动员保持系统持续的训练和比赛带来巨大的阻碍，必须高度重视。

（三）适宜负荷与适时恢复训练原则的训练要点

1. 准确把握运动训练负荷的适宜量度

运动训练过程中的任何一个负荷，都包含着负荷的量与强度两个方面。负荷的量反映负荷对机体刺激的量的大小。负荷的强度反映负荷对机体刺激的深度。负荷的量和强度分别通过不同的侧面表现出来，人们也可以运用不同的指标去反映负荷量和强度的大小。负荷的量和强度构成负荷的整体，它们彼此依存而又相互影响，任何负荷的量都是以一定的强度为条件而存在的，任何负荷的强度又都以一定的量为其存在的必要基础。一个方面的变化必然会导致另一方面的相应变化。在比较负荷的大小时，一定要将这两个方面综合考虑。

负荷的适宜度主要通过施加负荷产生的后果来予以评价，包括机体疲劳的程度及恢复与超量恢复所需的时间、技战术训练的效果、是否引发运动性伤病，以及是否引发心理疾病和心理障碍等方面。

通过生理生化指标的监测可以比较客观地诊断运动员机体的生理疲劳程度。如血色素、尿蛋白、血睾酮等都是常用的监测指标；建立义务监督制度，定期与不定期不定期的健康检查，可以及时地发现运动性伤病；总结在不同阶段、不同情境下学习、掌握、熟练以及运用技战术时对训练负荷的要求，借以把握技战术训练时的运动训练负荷。如体操运动员精力充沛时，学练新技术易取得好的效果，因此负荷次数不宜过多；篮球运动员为提高在比赛快要结束时的罚球命中率，需要安排在较大负荷训练后，机体疲劳时作罚球练习。

2. 科学地探求负荷量度的临界值

多年以来，人们已经清楚认识到，负荷量度的增加会带来更好的训练效果，而且越接近运动员承受能力的极限，效果就越明显，于是许多教练员和科学家都在致力于寻找这一负荷量度的极限。例如，中国长跑教练员马俊仁，为他训练的女选手设计“每天一个马拉松”的负荷计划，造就中国田径史上辉煌的一页。

运动员负荷量度临界值的大小既随其发育程度、竞技水平等状态的变化而变化，又受运动员健康状况、日常休息、心理状态因素的影响，因此对它的测定和评价必须要有充分的科学依据，要用科学的诊断方法力求准确地掌握负荷量度的临界值。在当前，人们对负荷极限的认识还不具备完全把握的时候，通常应注意留有余地，以避免过度训练的出现。

3. 采取加速机体恢复的适宜措施

（1）训练学恢复手段。主要包括变换训练内容和训练环境，交替安排负荷，调整训练间歇的时间与方式，在训练课中穿插和采用一些轻松愉快、富于节奏性的练习等训练手段，也包括在恢复过程中以轻微的肌肉活动，帮助肌肉和血液中的乳酸更快消除，还可以根据人体的“生物钟”节律，安排每天的训练时间，成为一种习惯性的定型，节省神经能量，也有利于机体的恢复。

（2）医学、生物学恢复手段。主要包括理疗恢复手段，如水浴、蒸气浴、旋涡浴、氮水浴、苏打碳酸浴、盐浴、珍珠浴、含氧浴、腐植酸浴等，其他手段还有按摩、电兴奋、电睡眠、紫外线照射、红外线照射等。

（3）营养学恢复手段。由于运动时运动员的能量消耗大，运动后的能量补充除了考虑补充物的数量，还应注意各种营养素的适宜搭配。例如，运动后吃不同的糖，对身体不同部位糖贮存的恢复就有不同的影响。维生素及多种微量元素更是运动员营养中不可缺少的重要组成部分，它与运动能力的恢复有着密切的关系。维生素及多种微量元素在体内不能合成或合成不足，必须从食物中摄取，所以要注意食品的种类和配比。

（4）心理学恢复手段。一般可利用自我暗示、放松训练、转换训练、气功调节、生物反馈等手段促进恢复，针对每个运动员特殊的心理问题，要对症下药，专门进行心理调节或心理辅导。

第三节　大学生体育项群训练理论研究

将一组具有相似竞技特征及训练要求的竞技项目称为一个项群，将揭示不同项群竞技规律与训练规律的理论称为项群训练理论。项群训练理论是位于一般训练理论与专项训练理论之间的一个理论层次，是连接一般训练理论和专项训练理论的一座桥梁，项群训练理论的创立使得运动训练理论体系更加完整。三十年来，体育界高度重视项群训练理论，经过诸多学者的努力，该理论得到进一步的发展和完善。

一、项群训练理论概述

（一）项群训练理论的构思及命名

运动训练的理论源于运动训练的实践。运动训练的理论体系即由一般训练学和专项训练学两个层次所构成。一般和专项这两个层次的训练理论各有着自己的研究领域和适用范畴。一般训练理论研究普遍适用于众多运动项目的共同规律，是在高层次上指导运动训练实践活动的理论体系；专项训练理论密切结合专项训练实践，研究适用于专项训练活动需要的指导性的理论问题以及具体的可应用的训练方法。但随着运动训练实践的发展，这一体系已日益表现出其明显的不足，即一般训练学在力求概括适宜于所有项目的共同规律时遇到巨大的困难；同时专项训练学受到视野的局限而难脱狭窄并难以深化和提高；以及这两个层次中间所出现的明显断裂。田麦久和他的同事将运动项目的类属聚合命名为“项群”，揭示项群训练基本规律的理论命名为“项群训练理论”。①

（二）项群训练理论的主要内容

运动训练理论的研究主要针对训练目标、训练内容、负荷量度及训练的组织这样四个问题而进行。不同层次的训练理论都担负着各自层次上的任务。除此之外，各项群的形成与发展也应作为项群训练理论研究的内容。因此，可以把项群训练理论的基本内容概括为四个方面：第一，各项群的形成与发展；第二，各项群竞技能力决定因素的系统分析；第三，各项群运动成绩决定因素的系统分析；第四，各项群训练的基本特点（负荷内容与量度，训练的组织与控制）。

（1）各项群的形成与发展。各个项群内部所包含的许多竞技项目都有着密切的亲缘关系。在一些古老的基础运动项目的发展及演变中不断地衍生出一批新的运动项目。例如，1880 年英国的体育用品制造商把网球搬到室内桌子上打，便出现了乒乓球。1860 年，一批英国足球迷在足球赛后带着足球下水游泳嬉戏，这就是水球的起源。从古老的德国古典体操中衍生出了现代竞技体操、艺术体操、技巧、蹦床等运动项目。现代铁人三项则把长距离游泳、长距离自行车骑行和马拉松跑这三个看来似乎截然不同的耐力性运动项目连在一起进行竞赛，展示出这些体能主导类周期性耐力项目的同群性特点。

（2）各项群竞技能力决定因素的系统分析。任何一个运动项目运动员竞技能力的高低，都是由运动员的心、技、体、战、智五个方面的能力所决定的。其中，体能又包含形态、机能及素质三个方面的状况。

（3）各项群运动成绩决定因素的系统分析。不同项群对于运动成绩有着不同的理解和表述。在速度滑冰、田径、举重等可测量类的运动项目中，人们习惯于把运动成绩理解为可以定量表达的时间、距离、质量、环数等指标的具体数值；而各对抗性项目则直接理解为比赛的胜负。考虑不同运动项目的特点，应该给予运动成绩这一概念更为广义的解释。

（4）各项群训练的基本特点。运动训练的基本任务在于发展运动员的竞技能力，并通过运动竞赛，将已获得的竞技能力充分地表现出来，创造出理想的运动成绩。这就是竞技体育活动的两个主要的构成部分。如前所述，不同项群运动员竞技能力和运动成绩的决定因素都有着不同的特点，从而，也就导致不同项群的训练活动各自表现出不同的特点。这里，既包括训练的内容、方法和手段，也包括负荷的量度及恢复的措施。

（三）竞技运动项目的分类体系

竞技运动项目多方面的属性提供了多个可供选择的分类标准，并构成了不同的分类体系。

① 史晓红．项群训练理论与大学体育教学内容的构建 [J]. 江西教育科研，2007，（11）：83-84.

1. 各项群竞技能力决定因素的分析

同一种竞技能力对运动员整体竞技能力的作用也依项群的不同而有明显区别。例如：运动技术的好坏对每一个项目运动员发展高度的竞技能力有着不可忽视的重要意义。但对于不同的项群，其作用程度的不同仍然表现出明显的差异，见表 3–3①。

表 3–3 运动技术在不同项群中的作用

项群		作用	特征
体能主导类	快速力量性	重要作用	集中快速发挥力量
	速度性	重要作用	短时间内有效地发挥体能
	耐力性	重要作用	经济省力时效，推迟疲劳出现
技能主导类	表现难美性	决定性作用	充分显示运动员的技艺与美感
	表现准确性	主导作用	正确稳定的瞄准与击发（撒放）
	隔网对抗性	决定性作用	战术的基础，突破防守而得分
	同场对抗性	主导作用	战术的基础，突破防守而命中得分
	格斗对抗性	主导作用	战术的技术，突破防守而制胜或得分

2. 运动项目的独立又紧密联系的分类体系

（1）以运动项目所需运动能力的主导因素，可将所有的运动项目分为体能主导类和技能主导类两大类。继而以各项目体能的主要表现形式或特征作为二级分类标准，把体能主导类项目分为快速力量性、速度性及耐力性三个亚类，把技能主导类项目分为表现准确性、表现难美性、隔网对抗性、同场对抗性及格斗对抗性五个亚类，见表 3–4。

表 3–4 按竞技能力的主导因素对竞技项目的分类

大类	亚类		主要项目
体能主导类	快速力量性		跳跃、投掷、举重
	速度性		短距离跑（100、200、400 米）；短游（50、100 米）；短距离速度滑冰（500 米）；短距离赛场自行车（200、1000 米）
	耐力性		中长超长距离走、跑、滑冰；中长超长距离游泳、越野滑雪；中长超长距离公路自行车、划船
技能主导类	表现	准确性	射击、射箭、弓弩
		难美性	体操、艺术体操、技巧、跳水、花样滑冰、花样游泳、冰舞、武术（套路）、自由式滑雪、滑水
	对抗	隔网	乒乓球、羽毛球、网球、排球
		同场	足球、手球、冰球、水球、曲棍球、篮球
		格斗	摔跤、柔道、拳击、击剑、武术（散打）

（2）以运动项目的动作结构分类，把所有项目划分为单一动作结构、多元动作结构及多项组合结构三大类，见表 3–5。

① 本节表格均引自肖涛，孔祥宁，王晨宇. 运动训练学 [M]. 重庆：重庆大学出版社，2016.

表 3–5 按动作结构对竞技项目的分类

大类	亚类	主要项目
单一动作结构	周期性	跑、竞走、游泳、自行车、射击、射箭、速度滑雪、速度滑冰、划船
	非周期性	铁饼、铅球、链球、举重
	混合性	跳高、跳远、标枪、三级跳远、撑杆跳高
多元动作结构	固定组合	体操单项、武术套路单项、艺术体操单项、技巧、花样滑冰、马术、自由式滑雪
	变异组合	篮球、手球、足球、水球、曲棍球、冰球、乒乓球、羽毛球、网球、排球、拳击、摔跤、柔道、跆拳道
多项组合结构	同属多项组合	田径男十项和女七项全能、速滑全能、体操全能、艺术体操全能、武术全能
	异属多项组合	现代五项、冬季两项、铁人三项

（3）依运动成绩的评定方法分类，可以把运动项目分为测量类、评分类、命中类、制胜类及得分类五大类，见表 3–6。

表 3–6 按运动成绩的评定方法对竞技项目的分类

类别	主要项目
测量类	田径、游泳、速度滑冰、滑雪、自行车、划船、举重、射击、射箭
评分类	艺术体操、体操、技巧、跳水、花样滑冰、花样游泳、武术、马术
命中类	篮球、足球、手球、水球、曲棍球、冰球、击剑
得分类	乒乓球、羽毛球、网球、排球、棒球、垒球
制胜类	摔跤、拳击、柔道

二、项群训练理论的重要意义

（1）鲜明地概括了同一项群不同项目的共同规律。以项群为基本单位去认识和概括同类属竞技项目的共同特点，既能够获得远远大于一个单项运动实践的视野，在一个较高的层次上去把握几个或几十个运动单项共同的训练规律，又不会因受到其他类属项目不同特点的约束，而使得一个项群的共有规律无法显现出来。在各个项群的专题研究及综合的理论研究中，都在不同项群的构成、竞赛及训练等多个方面揭示了单个项群独有的许多基本特点。例如，集体组队并排成特定阵形参赛是同场对抗性项群的共同特点。对六个同场对抗性项目常用参赛阵形的比较，可以给人们以有益的启发。

（2）加强了运动训练理论与实践的联系。运动训练学理论具有鲜明的应用性，它的任务之一就是把众多基础理论学科的科学知识综合起来指导运动训练的实践。而一般训练学理论由于需要反映所有运动项目的共同规律，必须高度地抽象和概括，同时也就加大了其与单个运动项目训练实践之间的距离。项群训练理论的提出与建立，在一定程度上有助于这一距离的缩短。理论概括覆盖面的收缩和覆盖项目的相似，必然使得抽象出来的理论更能准确地反映同项群项目训练实践的内在规律，并且更便于对训练实践实施有效的指导。

（3）实现了训练学理论原有两个层次之间的有机过渡。在几十个独立的竞技运动项目的专项训练理论与以研究所有运动项目共同规律为内容的一般训练理论之间有着一段明显的距离。翻开国内外现有的一般训练学经典著作，在许多地方都可以强烈地感受到这一点。项群训练理论的提出和建立，在一般训练理论和专项训练理论之间架起了沟通的桥梁。它既是一般训练理论的延伸，又是专项训练理论的拓展。通过项群训练理论这一新的层次，把运动训练理论体系中原有的两个理论层次紧密地连接起来。例如，关于战术训练问题，按照三个不同的层次分别根据各理论与实践发展的需要，提出各自不同的战术内容、战术训练的要求和方法，并且保持相互间的有机衔接，既丰富了战术训练理论的内容，又加强了对战术训练实践的指导。综上所述，运动训练理论体系中这一新层次的建立，使得运动训练理论的内容更加丰富，体系更加完整，并且将会有力地推动运动训练实践的发展。

三、项群训练理论的运用

（1）项群训练理论与竞技体育发展战略的制定。无论对一个国家，或是对一个省市、一个地区来说，在制定其竞技体育的发展战略时，都对正确地选择重点竞技项目给予高度的重视。这里，项群训练理论可以给战略制定者有益的帮助。首先，对现有不同等级的运动项目进行对应的项群分析，能够帮助人们从宏观上把握众多运动项目发展的状况，便于人们从社会学、地域学、遗传学及训练学等不同角度科学地分析造成各类项目发展水平高低不一的原因。

（2）项群训练理论与竞技运动项目的宏观管理。有序性是系统的重要特性之一。项群的划分和项群体系的建立使得竞技项目这一巨大群体的内部结构更加有序，进而为运动训练组织机构的领导者和管理人员对其实施更为有效的宏观管理提供了新的可能。例如，各级体育部门对运动项目实施分组管理，如果将统一管理的运动项目尽可能与项群的划分保持一致，则会明显地有利于管理工作与训练组织的协调一致。

（3）同群项目训练规律的探讨和揭示。与原有的两层次训练理论体系相比，运动训练理论体系中这一中间层次的建立，为研究、揭示具有共同特点的项目群体内部的训练规律提供了极为重要的先决条件。表现在以下方面：第一，在一般训练学理论中，研究者通常难以注意到和揭示出混处于所有项目之中的一组项目的训练规律，而通过项群训练理论的研究则可以很好地做到这一点；第二，以一个项目的训练实践活动为基础建立起来的专项训练理论，不可能做出具有更为普遍适用性的提炼和概括，而项群训练理论的研究在这一点上则具有明显的优势；第三，由于运动项目发展的多样性以及某些运动大项（如田径）的综合性特点，如果只以历史形成的运动项目为单位去认识运动训练的规律，必然会受到极大的局限。田径中的投掷与举重的力量训练有着许多共同之处，而所有中长距离的走跑项目的训练均与中长距离的游泳、速度滑冰、自行车、划船等周期性耐力项目的训练遵循着同一的规律。这些简单的例子表明，项群训练理论体系的建立，将会在很大的程度上使得研究者打破固有运动项目界限的束缚，对进行跨项的规律性的探索和研究成为可能。

（4）项群训练理论与竞技人才的流动。对运动训练结果有着重要影响的选材工作，近年来受到教练员和体育科学家们的高度重视。在运动训练实践中，有为数不少的运动员是从邻项中选拔过来的。如我国许多优秀的跳水选手和艺术体操选手来自竞技体操的少儿班。特别是当一个新兴项目开始建立时，这种现象就更为突出。我国第一支手球运动队是由篮球运动员转项组成的；我国第一批曲棍球教练员则本是足球教练员；一批原游泳选手组建了第一支蹼泳训练队伍；我国艺术体操运动的首创者原本也都是竞技体操的教练员和运动员。在运动训练界许多人的思维中，本已潜存着一种朦胧的“项群意识”，项群训练理论的研究和应用将会使人们这种朦胧的潜意识转化为科学理论指导下的主动的积极的思维和行动，从而促进竞技人才的合理流动。

（5）项群训练理论与运动训练方法的移植、创新与发展。任何一个竞技运动项目的发展过程，都不可能处于完全闭锁式的状态，在与外界的信息交流中，很自然地会从其他项目吸收那些对自己适用的理论、技术与方法；同时，也不断地把自己科学的理论、精湛的技巧以及有效的方法传输给别的项目。历史的经验表明，这种信息的交流主要发生在同项群内不同的项目之间。

四、各项群训练的基本特征

（一）技能主导类表现难美性项群训练特征

技能主导类表现难美性项群包括跳水、体操、艺术体操、花样滑冰、花样游泳和技巧、武术套路等竞技项目。

1. 技能主导类表现难美性项群选手竞技能力决定因素特征

（1）体能特征。身体形态对运动员的竞技能力起着重要作用，要求运动员具有优美的形体，表现出动作敏捷而灵巧。难美性项群运动员神经过程的均衡性与灵活性高，视、听、触觉及本体感觉准确、灵敏。在素质方面，力量、柔韧、灵敏、动作速度和专项耐力都有着重要的作用。

（2）技能与战术能力特征。技能主要表现为时空判断准确，对身体姿态控制的能力强，能够熟练掌握各种专门器械，能与同伴协调配合。而在战术运用上，主要体现在动作编排上的扬长避短、动作的合理布局等方面。

（3）心理和智能特征。感知觉灵敏度高，善于自我调节，具有果敢精神。在智能上具有丰富的想象力和创造力，善于分析和判断动作。

2. 技能主导类表现难美性项群比赛成绩决定因素特征

难美项群运动员比赛成绩是由裁判员根据运动员临场发挥的技术水平进行评分，再与众多对手得分相比较后判断名次而决定的。因此，运动员的成绩取决于多种因素的综合效应，有运动员技术水平发挥的主观因素，也有竞赛条件、裁判员评分，以及对手状况等客观因素的影响。对手得分的高低会直接影响运动员排名成绩，竞赛规则的不断修改、评分标准的变化，以及裁判员的公正、准确与否都会对运动员的比赛成绩产生重要影响。

3. 技能主导类表现难美性项群运动员的训练特征

（1）身体训练。运动员注重采用非专项的运动项目练习促进健康水平，同时十分重视专项身体素质训练。如在进行一定的长跑、短跑、游泳和球类活动的基础上，采用在技术结构上近似于基本运动技能的动作和能提高运动素质新水平的专门动作作为专项素质训练的手段。

（2）技术训练。技术训练是难美项群训练的核心组成部分，占有很大的比重。主要包括基本动作和高难动作的训练。其中基本动作训练贯穿于运动员多年训练及各年度训练的全过程，基本动作内容要选准、选精和照顾全面。而难新动作的教学训练过程也更加精细并分阶段依次实施；规定性动作又具有很强的时间特点，需运动员尽快掌握；在自选动作的训练中，要注重扬长避短。技术创新是难美项群技术发展的生命，应大力组织前瞻性的研究，设计创新高难动作，加大运动员难度动作储备，保持技术发展的前沿地位。

（3）心理训练。由于专项竞技的特殊性，心理训练越来越得到人们的重视。主要目的是调节运动员心理状态，为取得优异成绩而进行各种必要的心理准备。采用的主要方法有念动训练法、模拟训练法和自我调节法等。

（4）艺术表现能力训练。多以舞蹈训练为主培养形体表现力，有音乐伴奏的项目还要让运动员按不同节奏完成动作和根据音乐内容做即兴表演和小品表演，以培养动作节奏感和表演能力。

（二）技能主导类表现准确性项群训练特征

技能主导类表现准确性项群主要包括射箭、射击和弓弩三个竞赛项目。

1. 技能主导类表现准确性项群选手竞技能力决定因素特征

（1）体能特征。要求身体匀称，生理机能发展良好。在运动素质方面，运动员的静力耐力、平衡能力和稳定性要好，动作协调能力强，并具有良好的视觉和本体感觉能力。

（2）技能和战术能力特征。射箭、射击和弓弩三个项目的技术动作均属单一动作结构。技术要求可概括为“固势要稳，瞄靶要准，击发、撒放要正确”。在比赛中选手们的技战术表现，相互间不产生明显的影响，在战术运用上也较为稳定。

（3）心理和智能特征。在心理方面对运动员注意力集中与稳定、自我控制、感知觉和运动表象再现能力都有较高的要求。因此，稳定性、有恒性、实验性、独立性和自律性都是运动员重要的个性特征。在智能上，除要求运动员掌握必要的基础理论知识和专项理论知识外，通过各种手段培养和发展观察力、想象力、思维能力，以及分析和解决问题的能力是十分必要的。

2. 技能主导类表现准确性项群比赛成绩决定因素特征

运动员比赛成绩的取得，主要靠自身技术的发挥和心理状态的控制，主要内容包括：确立辩证的比赛指导思想，全面做好赛前准备，以及教练员与运动员正确的参赛行为等。另外，枪弹、弓箭质量的优劣，以及对其性能的熟悉程度，对比赛成绩也有不可忽视的重要作用。

3. 技能主导类表现准确性项群运动员的训练特征

（1）技术训练。非常注重基本功训练，如射击的稳定功、击发功和运枪功，以及射箭的稳定功、撒放功和举开功。另外，巧妙地组织与安排空射与实射，可以灵活地引申出多种行之有效的训练方法。

（2）心理训练。射击、射箭运动员的心理训练侧重于意志品质和心理自控能力的提高。一般心理训练的内容包括培养运动员意志品质，提高竞技心理素质和调节、控制能力，特别是通过念动训练发展正确运动表象再现的能力。准备定向比赛的心理训练的内容包括做好心理定向工作、认真抓好意象练习等。

（3）战术训练。主要包括掌握风天射击的特点和规律、加强决赛能力的训练，以及通过各种复杂条件下的训练，提高抗干扰的能力和应变能力。

第四章　大学生体育训练运动实践

加强大学生体育训练实践能力是大学体育工作者的重要课题，重视大学生体育实践能力的培养，使体育在大学生毕业后的社会生活中仍能继续发挥重要作用，对国家培养合格人才有着重要的现实意义和深远的战略意义。鉴于此，本章主要探讨力量素质训练、速度素质训练、耐力素质训练、柔韧素质训练、灵敏素质训练、身体形态训练。

第一节　力量素质训练

一、力量素质的基本概念

力量素质是指人体神经肌肉系统在工作时克服或对抗阻力的能力。肌肉在工作时所克服的阻力包括外部阻力和内部阻力。外部阻力是指物体的重量、支撑反作用力、摩擦力以及空气或水的阻力等。内部阻力包括肌肉的黏滞力、关节的加固力及各肌肉间的对抗运动训练力等。外部阻力往往是发展力量素质的手段，人体在克服这些阻力中提高、发展自身的力量素质。

力量素质是人体进行体育运动的基本素质之一，是衡量运动员身体训练水平的重要指标。同时对于提高技战术水平、心理品质，防止运动损伤均有极大意义。

二、力量素质的主要分类

关于力量素质的分类，从我国目前的研究状况来看，由于人们从事运动项目的不同以及对力量素质认识的角度不同，所依据的科学理论也不一样，对力量素质的分类也不同。但主要分为以下几种力量类型，见表 4–1[①]。

① 刘克军，孙雷鸣 . 运动训练 [M]. 北京：人民体育出版社，2008.

表 4–1 力量素质的分类

理论依据	力量类型
力量素质与运动专项的关系	一般力量
	专项力量
力量素质与运动员体重的关系	绝对力量
	相对力量
力量素质的不同特点	最大力量
	快速力量
	力量耐力
从肌肉工作方式	克制性力量
	退让性力量
	支撑性力量
	混合性力量
从肌肉收缩形式	等长收缩
	等张收缩
从物理学意义上	动力力量
	静力力量

根据运动训练实践的需要，主要介绍最大力量、速度力量、力量耐力的训练。最大力量是指肌肉通过最大随意收缩克服阻力时所表现出来的最高力值。速度力量是指肌肉快速发挥力量的能力、力量与速度的有机结合。力量耐力是指肌肉长时间克服阻力的能力。

三、力量素质发展的影响因素

一个人肌肉力量的大小受到与其生长发育水平、性别、体型、肌肉自身结构、特征以及生理生化和训练方面的各种因素制约，具体影响如下：

（1）神经过程的频率和强度。肌肉活动是受神经系统支配的，肌肉的收缩是由神经系统传导电脉冲引起，一次脉冲可引起肌肉收缩一次。若在肌纤维还没有完全松弛时，新的脉冲信号又传来，就会出现肌肉的重叠收缩，能产生更大的力量。如参加比赛的运动员由于兴奋性高而且兴奋的程度集中，神经过程的强度也比平时大得多，因此一般皆比平时训练能发挥出更大的力量。

（2）白肌纤维在肌肉中的比例。肌肉力量的大小取决于不同类型肌纤维在肌肉中所占的比值。肌纤维类犁通常分为白肌纤维（快肌纤维）、红肌纤维（慢肌纤维）和中间肌纤维三种。其中白肌纤维又称快肌纤维。其具有收缩速度快、收缩力强的特点，是力量素质表现的主要物质基础。经研究发现，白肌纤维数量多、直径大，往往所表现出来的力量素质水平也高。

（3）营养系统的供能能力。对力量素质影响显著的供能系统是无氧非乳酸性供能系统，因为力量增长在较短时间内，以较快的速度完成技术动作效果最佳。进行力量练习时，还应注意动员白肌纤维参加工作，因为白肌纤维中CP含量较高。由于进行力量练习时肌肉活动的强度很大，工作时间很短，又常伴有憋气，特别是静力练习时肌肉持续紧张，血管被挤压，血液流动不畅通，往往造成缺氧。在这种情况下，肌肉收缩的能量供应，主要依靠能源物质的无氧分解，其表现特征是磷酸肌酸大量消耗，肌糖原生成乳酸，血液中乳酸也升高，因此，若发展力量素质，必须提高肌肉的无氧代谢能力。

（4）男女性别的差异。按一般规律，男子的力量通常比女子要大，这主要是由于肌肉大小的差异所致。例如，一般成年男子肌肉重量占体重的40%～45%，而女子则占35%。女子的力量平均约是男子的三分之二。导致这一差异现象的重要原因之一是雄性激素在起作用。雄性激素是人体蛋白质合成的重要激素之一，它有助于增加肌肉中蛋白质的含量，提高肌肉质量。同时，有助于抑制脂肪堆积。正因为它具有这样的作用，导致了男性肌肉发达、女性肌肉纤细的特点。

（5）肌肉初长度。经研究证明，人的肌力的大小与肌肉收缩前的初长度有关。在一定范围内，肌肉的初长度长或肌肉弹性拉长后，则肌肉收缩时产生的张力和缩短的程度就越大，这是肌肉的初长度对收缩力的效应影响。但肌肉的弹性拉长必须在其解剖学原理限度内进行，而且在不断适应生物刺激条件下逐渐地拉长。

四、力量素质训练的基本方法

在力量素质训练的实践中，教练员们创造了多种多样发展肌肉力量的方法，这些具体的练习形式是形成现代力量素质训练的基础，主要有以下五种。

（1）等张力量训练法。等张力量训练法是指肌肉在承受恒定负荷的条件下，以克制性工作方式呈现长度缩短时，肌肉对其两端附着点所施加的张力为均等状态的练习方法。该方法最大的特点是动作速度快、功率大。因此，采用此方法进行力量训练时有助于提高动作起始阶段的肌肉张力水平，对于提高动作速度，尤其是爆发力均具有直接的训练价值；有助于改善神经系统对肌肉的支配能力及全身动作的协调性，对于提高肌肉的收缩与放松能力有直接的影响；有助于发展灵敏性素质占据优势的运动项目，如球类的专项力量素质。不过采用此方法进行力量训练时，还应注意：力量训练时的肌肉张力量大的时值短，每次动作的刺激总量较低，不能使肌肉在连贯动作过程中，各关节角度上呈现出最大用力；该方法不易训练小肌群和弱肌群。

（2）超长收缩力量训练法。超等长练习时先使肌肉做离心收缩，然后接着做向心收缩，实际上是把退让练习和克制练习结合在一起的训练方法。该方法是利用肌肉的弹性、收缩性及牵张反射性来提高力量素质。即肌肉先被迫迅速进行离心收缩，紧接着瞬间转为向心收缩的练习。它的最大特点是利用神经肌肉的牵张反射性，引起神经系统反射产生更强烈的兴奋冲动，进而达到提高力量的目的。这种练习方法主要表现为各种快速跳跃练习、不同高度和形式的跳深练习及运用训练器械进行的超等长练习三种形式。在采用此法时，动作结构一定要合理，若动作结构不当，则极易导致肌纤维拉伤。

（3）等动训练法。等动训练法是指借助于专门的等动训练器在动力状态下，人体肌肉的抗阻力程度始终恒定，且动作速度均匀的练习方法。人体动作在变化过程中，这种训练方法能使人体接受外部负荷刺激所产生的生理反应强度始终保持恒定，并使关节各个角度的肌肉用力表现出最大用力或恒定用力。应用该方法时，应注意等动训练法是在损失动作速度的情况下，通过始终进行最大用力过程来提高力量素质，这有碍于动作速度的提高。因此，对于从事对爆发力、动作速度要求很高的运动员来说，在训练时，应注意适当控制采用此法进行训练。

（4）等长力量训练法。等长力量训练法又称静力性力量训练法。该方法是指人体采用相对静止的动作，利用肌肉长度不变，主要改变张力的变化特点来发展力量素质。它的最大特点是物理上表现的功为零，但生物体却依然存在做功的功能。这样能更有效地提高肌肉的张力与神经细胞的机能水平。采用该方法进行力量训练对于提高小肌群、弱肌群的力量、最大力量及静力力量有独特的效果，另外对于软组织损伤的康复也具有积极的作用。采用此法时，应注意对于各种速度力量、爆发力要求甚高的运动项目，不能把此法作为主要训练方法；如果单纯或多采用此法训练，则易使肌肉失去弹性，形成最大力量发展障碍，从而使最大力量发展到一定程度时不易提高；易使肌肉横断面的增加与毛细血管的发展出现不平衡状态，从而影响肌肉代谢物质的交换。

（5）组合训练法。组合训练法将动力性的训练方法和静力性的训练方法进行不同的组合，以有效地提高力量耐力和快速力量。从生理和生物力学角度看，各种肌肉收缩方式混合练习，增加了机体对刺激的适应难度。提高刺激的作用，能收到更快提高力量的效果。这种训练方法的运用灵活多变，但训练的针对性稍差。

五、力量素质的评定与训练负荷的安排

（一）最大力量的评定与训练负荷的安排

1. 最大力量评定

关于运动员最大力量评定，既可在完成比赛动作的过程中测定，亦可在完成与比赛动作接近的动作中测定；既可在静态条件下测定，亦可在动态条件下测定。不过这些方法都有不足之处。评定运动员最大力量较为理想的方法是，测定肌肉等动练习时的最大力量值。这种方法的优点在于，当器械以各种不同速度运动时都可以表现出最大力量。

评定运动员最大力量时要注意：根据专项特点制定不同的评定标准；测定工作肌群的最大力量时，还要重视对对抗肌群最大力量的评定；在评定伸肌最大力量时，还要重视对

屈肌最大力量的评定；既要重视对局部主要运动环节的最大力量的评定，又要重视对整体最大用力效果的评定，后者对运动成绩有更大的影响。

2. 最大力量训练负荷安排

（1）发展运动员肌肉最大力量时，要对运动员进行足够量的负荷刺激，使肌肉能够募集到最大数量的运动单位参与工作，肌肉张力达到最大限度。只有这样，机体的反应才会深刻。在进行运动员最大力量训练时，采用若干组的练习，每组能够完成 1 ~ 5 次的重复练习，且强度为最大力量的 85% ~ 100%，这对于发展人体最大力量能够产生最佳效果。组间间歇恢复时间在 5 分钟以上能够避免疲劳积累。

运动员最大力量发展的负荷安排是因人而异的，对于高、中、初级运动员来讲，初级运动员应选择最大力量的 45% ~ 65% 进行力量训练为宜，次数可安排略多一些。对于初级运动员来说，采用这种训练方法进行练习，能够为运动员一般力量的发展打下坚实的基础。

中、高级运动员在发展最大力量时应选择最大力量的 85% ~ 100% 进行力量训练，每组练习的次数不宜过多，而且在准备性负重练习后，要很快进入次极限或极限负荷级别上进行训练，以保证机体在最佳训练状态下承受最强烈的外部刺激，争取获得较好的训练效果。为使机体能够承受更多的负荷刺激和保持较高的工作能力，在各组练习的间歇中，必须采取适宜恢复手段以促使有关肌群的暂时性疲劳得以消除。一般情况下，间歇时间为 5 分钟左右，具体间歇时间的安排则因人而异，因强度而有别。

（2）发展运动员最大力量的训练课之间有一个恢复的最佳间隔时间，通常称之为训练频度。一般来讲，力量训练课之间的间隔时间至少为 48 ~ 72 小时。这样安排的目的是保证具有充分的时间使运动员机体疲劳得以消除，并获取超量恢复的能量储备。

（二）速度力量的评定与训练负荷的安排

1. 速度力量评定

关于运动员快速力量的大小，通常可采用动力曲线描记图分析评定，如下肢蹬地力量或上肢击打力量的动力曲线描记图。通过计算速度力量指数也可评定快速力量。

速度力量指数 = 力量的极值 / 达到力量极值的时间

在周期性运动项目中，也可以通过各种形式的速度综合测定来评定快速力量。例如，周期性运动项目的出发和加速段的时间（游泳：从发令到 10 米的时间；田径短跑：从发令到 30 米的时间；自行车：从发令到 50 米的时间）。

2. 速度力置训练负荷安排

（1）发展运动员的速度力量，一般是通过提高肌肉的收缩速度和收缩力量来实现的。在各种运动项目中都需要速度力量，由于运动项目不同，其对速度力量发展的影响程度是不同的。所以，速度力量在不同运动项目中训练负荷的安排也应有所区别。如在抓举项目中，速度力量训练是以保持或不降低肌肉收缩速度的前提下，着重通过提高最大力量来促使其发展的；在投掷项目中，速度力量训练是以一定的力量为基础条件，着重通过提高肌肉收缩速度来促其发展的；在弹跳性运动项目中，速度力量训练则是以努力发展肌肉被迫拉长转人缩短、收缩速度的前提下，通过逐渐发展肌肉最大张力和力量来促其提高的。

在投掷项目中速度力量训练负荷的安排，通常表现为负荷重量强度小、速度负荷强度大的特点。一般情况下，采用两种负荷形式进行训练：第一，在恒定小负重下，进行动作速度训练；第二，在变化负重强度的情况下，进行动作速度训练。

在抓举或投掷项目的速度力量训练中，负荷强度应以 70% ~ 90% 的负荷级别安排为宜。因为在该强度下的训练，动作速度下降并不明显，有利于在不损失动作速度的前提下，提高力量，进而提高运动员速度力量水平。

在负重强度略大的练习完毕后，应马上进行轻负重或无负重的训练，以利用肌肉在较大刺激的作用下所产生的效应，来发展动作速度，提高速度力量水平。在安排负荷练习时，有效刺激应在中枢神经系统处在最佳良性状态下施加于机体。每组练习可以进行 5 ~ 8 次。练习的组数、次数应以不产生动作迟缓为原则，组间休息应稍长一些。

无论何种运动项目速度力量的训练，都不能在损失速度的前提下，通过追求最大力量来力求力量的提高，否则有可能产生速度障碍。

（2）在速度力量训练过程中，其训练课的间隔时间多为 72 小时。训练课中组间的间歇时间一般安排 1 ~ 3 分钟为宜。休息时应采用积极性休息手段，这样不仅可以促进恢复，而且可以使神经系统保持良好的兴奋状态。

（三）力量耐力的评定与训练负荷的安排

1. 力量耐力评定

力量耐力的评定，有两种方式。第一，采用多次重复完成比赛模仿动作的方法，根据运动员重复的次数进行评定。这种方法要求测试动作的运动形式和神经肌肉工作方式的特点都与比赛动作接近，例如，田径运动员在活动跑台上走、跑，划船运动员在专门的力量练习器上划桨等。第二，用耐力指数来评定运动员的力量耐力，力量耐力指数等于练习器械的阻力（公斤）乘以动作的重复次数。即：

力量耐力指数 = 练习阻力 × 重复次数

2. 力量耐力训练负荷安排

（1）力量耐力训练的基础在于，运动员能够对抗比运动项目中正常阻力大得多的负荷，并重复尽可能多的练习次数的能力。在某些对力量的要求大于最大力量 30% 的运动项目中，绝对力量的大小，在一定程度上决定着力量耐力的水平，如划船、游泳、摔跤等。在负荷强度值（实际阻力数）相等的情况下，绝对力量愈大，力量耐力也就愈强。因此，适当地进行最大力量训练有助于提高力量耐力。

机体糖原的水平对力量耐力也起着决定性的作用，因此，适当地采用具有耐力性质的力量负荷训练也是必需的。以此为目的的负荷安排约为最大力量的50%，一般为5 ~ 8组，组间休息1 ~ 3分钟。

力量耐力训练应采用多样化的专项比赛和专门练习。运动员可以在沙地、上坡、雪地等条件下进行跑的练习，而划船运动员可进行拖重物的划船练习，游泳运动员可进行类似的对抗阻力的游泳练习。在进行力量耐力练习时，专项力量耐力的负荷强度，应在类似比赛强度的情况下，负荷强度在高于比赛负荷强度的25% ~ 40%就可以了。

（2）力量耐力训练对动作频率的要求是严格的，组间间歇时间取决于练习的持续时间和参与工作肌肉的多少。假如练习时间较短（如20 ~ 60秒），且完成几组练习后，需要达到疲劳积累的目的，那就应在工作能力尚未完全恢复时，立即进行下一组训练。若用心率控制间歇时间，可在心率恢复到110 ~ 120次/分时进行下一组练习。假如练习持续时间比较长（2 ~ 10分钟），间歇时间亦可加长，在机体基本恢复后进行下一组练习。

六、力量素质训练的要求

力量素质发展水平是影响身体训练水平的关键因素。在实施力量素质训练过程中，为达到优化控制，取得良好的效果，须注意如下四点：

（1）力量素质的发展要注意全面性和协调性。也就是说，在发展力量素质的过程中，一方面应使四肢、腰、腹、背、臀等部位的大肌肉群和主要肌肉群得到训练、提高，另一方面也要重视提高小肌肉群的力量水平；既要重视专项力量素质的发展，也要注意基本力量的训练。

（2）力量训练前后要做好准备、放松活动。每次练习时，首先要做好准备活动，使运动员神经与肌肉系统做好承受极限负荷的准备，同时又可保持肌肉良好的弹性和收缩速度；训练后，肌肉常会充血，胀得很硬，这时要充分进行放松，重点要采用拉长放松和抖动放松手段，以使肌肉恢复到训练前的初始状态。

（3）肌肉活动总是在中枢神经系统的调节下进行的，因此进行力量素质训练时，要集中精力，念动一致，注意安全，这样有助于肌肉力量得到更好的发展。特别是进行大负荷练习时不能说说笑笑，注意力应高度集中，否则容易受伤。此外，为了平安练习，达到期望的效果，还应注意加强自我保护和互相保护。尤其在举或肩负极限重量时，更应该注意加强相互保护。

（4）不同的专项动作有各自不同的技术结构，要求参加工作的肌肉群力量也不同。因此，在进行力量素质训练时要认真地分析各种力量训练方法的作用，并紧密结合专项特点安排力量训练，以便根据目的有效地采用不同的训练方法，同时也要注意正碑的技术动作规格。

第二节　速度素质训练

一、速度素质的基本概念

速度素质是指人体进行快速运动的能力。速度素质是运动员的基本运动素质之一，是衡量运动员全面身体素质水平的重要内容之一，在身体训练中占有重要的地位。它包括三个方面：快速通过某一距离的能力、对各种刺激快速反应的能力和快速完成动作的能力。

速度素质的有效发展，可以提高技战术效果，丰富战术内容，可以形成以小打大、以快制高的战术作风。

二、速度素质的主要分类

速度素质分类因划分依据有别而有所不同，见表 4–2[①]。根据实践的需要，主要论述速度素质的三种基本表现形式，即反应速度、动作速度和位移速度。

表 4–2 速度素质的分类

理论依据	力量类型
速度素质对运动专项成绩的影响	一般速度
	专项速度
速度素质的基本表现形式	反应速度
	动作速度
	位移速度

反应速度是指人体对外界信号刺激（如声、光、触等）所做出的应答能力，它反映了神经冲动在神经系统中的传导速度。反应速度以神经过程的反应时（其中包括感觉时间、思维判别时间和动作始动时间）为基础。反应时受遗传的因素影响较大，遗传力高达 0.75 以上。另外，反应时的长短与刺激信号的强度和注意力的集中程度与指向有关。

动作速度是指人体或人体的一部分完成单个动作或成套动作的快慢以及单位时间内重复动作次数多少的能力。因此，动作速度又分为单个动作速度、成套动作速度及动作速率三种。

位移速度是指在周期性运动中，单位时间内人体快速位移的能力。通常用通过一定距离的时间或单位时间内所通过的距离来表示，如短跑运动员的跑速、跳高运动员的助跑速度等。位移速度与人的神经过程的灵活性关系密切，神经兴奋与抑制过程灵活性越高，转换能力越强，人体两腿交换频率越高，位移速度也就越快。

构成速度素质的反应速度、动作速度、位移速度之间的关系在实践中是既有联系又有区别。位移速度本身就是由各个单个动作速度和动作速率组合而成的，如途中跑的后蹬速度、前摆腿动作速度、摆臂速度和重复次数的组合。反应速度又往往是位移速度的开始，如起跑。反应速度在运动时，已经成为反应后的第一个动作速度。

① 刘克军，孙雷鸣 . 运动训练 [M]. 北京：人民体育出版社，2008.

速度素质在运动项目中可作为直接决定因素和间接决定因素，其在运动项目中所起作用的性质是由运动项目的专门运动技术、特定要求所决定的。速度作为直接决定因素作用的运动项目，例如100米跑中运动员对发令枪声的反应；速度作为间接决定因素作用的运动项目，例如跳远中的助跑。速度作为运动项目的直接和间接决定因素之间存在着不同点。对于直接因素来说，能够产生最大的速度；对于间接因素来说，则要求速度的最大优化，以便产生所要求的最大的相应力量。因此，速度的增加并不意味着运动成绩的必然提高。如跳远起跳时的水平速度过大，就会导致垂直方向踏跳的时间过短和起跳角度偏小。

三、速度素质发展的影响因素

速度素质的发展主要受神经兴奋过程、白肌纤维及其比例、生物化学因素、肌纤维的物理特性、速度感知能力、速度障碍等因素制约。

（1）神经兴奋过程。神经过程兴奋与抑制神经元之间的高频率转换，以及运动神经元精确的选择和调节，还有最优化的肌纤维募集和肌肉发力方式，是人体以最大速度移动肢体的基本能力。因此，改善神经系统的这一功能是提高速度素质的首要条件。其中人体神经过程兴奋与抑制的转换能力具有较高的遗传度。

（2）白肌纤维及其比例。白肌纤维的数量、体积与速度素质呈高度正相关。科学的速度训练可提高白肌纤维的质量。反之，会使白肌纤维红肌化，形成一定的速度障碍。白肌纤维在数量上具有高度的遗传性，但在质量上却有一定的可塑性。因此，科学训练对其功能的发挥与改善具有重要意义。

（3）生物化学因素。速度与肌肉中的专门能量供应过程有关，如无氧乳酸供能及其代谢效率等。

（4）肌纤维的物理特性。肌肉的弹性、伸展性、黏性及松弛性通常被称为肌纤维的主要物理特性。良好的肌肉弹性，可产生较快的收缩速度；良好的肌肉伸展性，可扩大动作的幅度；良好的肌肉松弛性，可配合肌肉主动肌的快速收缩；适宜的肌肉黏性，可减少肌肉内部的摩擦力。因此，速度训练的一个关键因素是要提高肌肉的弹性、伸展性和放松能力。

（5）速度感知能力。运动员良好的速度感知能力是实现运动最大速度的重要心理能力，它往往影响运动员正确支配动作。速度感知能力强，可使动作做到协调、准确、迅速，并能随机应变地调节动作，有利于协调肌肉的收缩与放松活动。因此，在训练中教练员必须给运动员提供正确的有关速度和时间的信息，以培养运动员准确的速度感。

（6）速度障碍。疲劳状态下的速度训练、速度训练手段的过于单一及缺乏弹性力量练习的专门速度训练，极易形成速度训练中的速度障碍，从而使速度的进一步提高变得很困难，甚至停止。因此，在速度训练中应特别注意这方面的问题。

四、速度素质训练的基本方法

在速度素质训练的实践中，练习的形式是多种多样的，这里仅介绍对提高速度素质具有独特功能的比赛训练法、游戏训练法及外力训练法。

（1）比赛训练法。比赛法是速度训练中经常采用的方法。该方法是指在近似、模拟或真实、严格的比赛条件下，按照比赛规则和方法，以提高训练质量为目的的训练方法。采用比赛训练法，通过比速度、比技术、比成绩可以激励运动员斗志，促使运动员情绪高涨，从而运动员表现最大速度的可能性就会增加。但对于初级运动员而言，过多使用该方法容易产生心理紧张、动作状态僵硬，进而形成速度障碍。

（2）游戏训练法。游戏训练法是指速度训练中采用与训练目的相关的游戏进行练习的方法。在速度训练中采用游戏法，不仅可以激起运动员高涨的情绪。同时，由于游戏过程能引起各种动作变化，还可以防止因经常安排最大速度练习而引起的“速度障碍”形成。

（3）外力训练法。外力训练法是指在速度训练中，运动员借助牵引力、顺风力、重力等外力进行活动的练习方法，如牵引跑、顺风跑、下坡跑等。在速度训练中采用该方法有利于获得快速运动中肌肉收缩与放松交替进行的感受，使神经系统更精确地支配有关肌群；有利于心理上形成快速运动的速度感，强化速度训练中快速运动的动作意识；有利于提高动作幅度和频率，并易使神经肌肉系统形成快速运动的动力定型；有助于克服速度障碍，使运动员能够较快度过速度训练中的高原期状态。

在速度训练中，如果游戏法运用过多，就会淡化机体运动的用力意识。因此，在速度训练中，游戏法的运用要恰到好处，不宜采用过多。

五、速度素质的评定与训练负荷的安排

（一）反应速度的评定与训练负荷的安排

1. 反应速度评定

对于反应速度的评定，可以利用测定反应时，即运动员对信号刺激做出反应所需的时间来评定运动员反应速度的好坏。运动员对不同运动项目信号的反应时是不同的，因此，要根据不同运动项目的不同特点测定运动员对特定信号的反应速度。如游泳、短跑等竞速项目，运动员主要接受听觉信号而开始竞技，而乒乓球选手则主要接受视觉信号而做出技战术反应。

2. 反应速度训练负荷安排

反应速度的练习，因运动项目的不同而有所区别。针对不同的运动项目类型，反应速度的练习可分两种，即简单反应速度练习和复杂反应速度练习：

（1）简单反应速度是指人体对外界信号刺激迅速做出预定动作的应答反应。如短跑、游泳、速度滑冰等项目，适合采用简单反应速度练习，运动员只需根据固定信号相应执行自身动作。在训练实践中，简单反应速度往往受到中枢神经系统的兴奋程度、注意力集中

程度、肌肉组织准备状态、动作技术熟练程度、时空强弱感以及遗传因素的制约。针对上述原因，发展简单反应速度就必须采用相应的方法与手段。

简单反应速度训练可分为两个阶段：第一阶段是体验阶段的训练。此阶段的负荷安排为强度大、次数少，着重采用重复训练手段，要求运动员尽快对突然出现的信号或突然改变的环境做出反应，反应动作可采用任何预定动作。第二阶段是感知阶段的训练。在此阶段可采用“运动感觉法”进行练习，即运动员自我判断反应时间，并立刻与教练员的实测时间进行判别比较，以感受其细微差别。运动员用最快的速度对信号做出反应（如快速起动），每次练习后教练员发出反馈信息，以形成确切时间的动作记忆，再将注意力由信号刺激转到动作控制上，以争取缩短肌肉收缩的潜伏期。

（2）复杂反应速度是指人体对外界信号刺激，迅速做出有选择的应答反应。复杂反应训练的负荷安排，一般以不产生枯燥感和疲劳为原则。如篮球、排球、拳击、散打、跆拳道等项目，适合采用复杂反应速度练习，运动员需要根据对手和环境情况做出反应动作。

复杂反应速度的训练相对复杂，其核心是缩短思维过程的选择、判断时间。为此，练习时要努力教会运动员能够从对手的姿势、面部表情、眼神、准备动作、总体风格中，捕捉到对手可能做出动作变化的“隐蔽信息”，积极训练运动员对付各种突然变化的相应动作，并尽可能使运动员掌握多种可灵活应对突发情况下的动作技能应对策略。

（二）动作速度的评定与训练负荷的安排

1. 动作速度评定

动作速度是寓于具体的动作之中，如抓举的动作速度、跳跃的动作速度、游泳转身的动作速度等。因此，动作速度的测量是与技术参数测定联系在一起的，如测出手速度、起跳速度、角速度等。此外，动作的平均速度亦可通过连续多次完成同一动作的时间得出。

2. 动作速度训练负荷安排

在动作速度的练习中，专项要求不同，动作速度练习的任务和内容也有区别。但无论采用何种动作速度手段进行训练，其负荷安排都应注意以下四个方面：

（1）动作速度训练应采用练习者熟练掌握，并可用最高速度来完成的动作，练习者要把注意力集中在完成动作的速度上。

（2）动作速度训练中采用抗阻力与天阻力的训练方法时，在进行抗阻力训练后，应及时进行无阻力的训练。

（3）练习的负荷持续时间不要超过 20 秒钟，一般情况下在 15 秒钟左右即可，练习组数的安排应以不降低速度为原则。专门性动作速度练习应与专项比赛的动作结构相似，并接近比赛动作速度特点。

（4）动作速度训练中应严格掌握间歇时间和休息方式。间歇时间的安排以不降低兴奋性并保持机体充分恢复为宜。

（三）位移速度的评定与训练负荷的安排

1. 位移速度评定

短距离跑是测定位移速度常用的手段。用短距离跑进行测定位移速度时的要求如下：

（1）要在运动员具有良好状态的情况下进行测量。

（2）距离不要过长，一般为 30 ~ 60 米的距离。

（3）不要从起跑时计时，而测定运动员全速跑通过某段距离的能力。

（4）要测定 2 ~ 3 次，取最佳成绩。

2. 位移速度训练负荷安排

位移速度可看成是人体的一种综合运动能力，也可把位移速度看成是动作速度、速度耐力与意志力的结合。因此，位移速度训练负荷的安排要注意以下三个方面：

（1）发展最高位移速度每次练习的持续时间不能过长，应以使每次练习均以高能磷酸原代谢为主要供能途径，时间应保持在 20 秒钟以内。

（2）进行位移速度训练时的负荷强度多为 85% ~ 95%，练习的重复次数不宜过多，以免训练强度下降。

（3）位移速度训练中的间歇时间，应能使运动员机体得到相对充分的恢复为宜，以保证下一次练习的进行。

六、速度素质训练的要求

（1）速度素质训练应结合运动员所从事的专项运动进行，如对短跑、游泳运动员的反应速度训练，应着重提高听觉反应速度；对乒乓球、足球运动员则应着重提高视觉反应能力；对体操运动员应把提高触觉反应能力视为重点。

（2）速度素质训练应在运动员情绪饱满、运动欲望强的情况下进行。因此，速度训练应安排在课的前半段。

（3）速度训练应当采用极限强度，但是必须以一定的有氧代谢为基础。通过一定的有氧代谢训练，可以提高体内含氧量及输氧能力，并利于机体恢复。

（4）要防止过早产生速度障碍。速度素质在提高到一定程度时，就会出现进展停滞、难以提高的现象，称为“速度障碍”。其产生的主客观因素很多，如过早发展绝对速度、基础训练不够、技术动作不合理、训练手段单调片面、心理感觉无新异刺激、负荷过度且恢复不好都会导致这一现象产生。出现速度障碍时，应积极采用牵引跑、变速跑、下坡跑、带领跑、顺风跑等外力手段予以克服。

第三节　耐力素质训练

一、耐力素质的基本概念

耐力素质是有机体坚持长时间运动的能力。耐力素质是一种重要的基本运动素质，许多项目的运动竞赛都要持续较长时间，运动员要在竞赛全过程保持特定的运动强度与量，就必须具备良好的耐力素质；良好的耐力素质还是运动员大负荷训练后加速恢复的一个重要前提，所以在运动训练过程中对这项素质的发展应予以极大关注。

影响耐力素质的因素是多方面的，如生物学方面影响耐力素质发展的主要因素是神经过程的稳定性、快慢肌纤维的比例、肌糖原的储备量、最大摄氧量水平、人体负氧债能力、意志品质的坚定等；训练学方面影响耐力素质发展的主要因素是训练方法、训练手段、负荷练习次（组）数、训练频度、恢复方法等。

二、耐力素质的主要分类

由于划分的依据和认识的角度不同，因而耐力素质的分类及含义也各有不同，从而导致耐力素质的不同名称，见表 4–3[①]。

表 4–3 耐力素质的分类依据与种类

<table>
<tr><th>分类依据</th><th colspan="2">耐力素质种类</th></tr>
<tr><td rowspan="3">能量供应形式</td><td colspan="2">有氧耐力</td></tr>
<tr><td colspan="2">无氧耐力</td></tr>
<tr><td colspan="2">混合耐力</td></tr>
<tr><td rowspan="2">运动专项</td><td colspan="2">一般耐力</td></tr>
<tr><td colspan="2">专项耐力</td></tr>
<tr><td rowspan="5">负荷时间、强度</td><td>短时耐力</td><td>1 分钟内</td></tr>
<tr><td>中时耐力</td><td>1 ~ 8 分钟</td></tr>
<tr><td rowspan="3">长时耐力</td><td>一级：8 ~ 15 分钟</td></tr>
<tr><td>二级：15 ~ 30 分钟</td></tr>
<tr><td>三级：30 ~ 90 分钟</td></tr>
<tr><td rowspan="4">生理系统</td><td colspan="2">肌肉耐力</td></tr>
<tr><td rowspan="3">心血管耐力</td><td>有氧耐力</td></tr>
<tr><td>无氧耐力</td></tr>
<tr><td>有氧和无氧混合耐力</td></tr>
<tr><td rowspan="2">运动机能</td><td colspan="2">力量耐力</td></tr>
<tr><td colspan="2">速度耐力</td></tr>
<tr><td rowspan="2">运动状态</td><td colspan="2">动力性耐力</td></tr>
<tr><td colspan="2">静力性耐力</td></tr>
</table>

从运动训练实践出发，对有氧耐力、无氧耐力及有氧和无氧混合耐力内容作重点介绍。有氧耐力是指机体在氧气供应比较充足的情况下，能坚持长时间工作的能力。有氧耐力训练的目的在于提高运动员机体吸收、输送和利用氧气的能力，促进有机体的新陈代谢，为今后运动负荷的增加创造条件。如一些球类项目和田径运动项目中的马拉松、长跑等所需

① 刘克军，孙雷鸣．运动训练 [M]．北京：人民体育出版社，2008.

要的耐力。无氧耐力是指机体以无氧代谢为主要供能形式，坚持较长时间工作的能力。无氧耐力工作时，机体就会长时间处于供氧不足的状态，所以无氧耐力训练的目的在于提高运动员机体承受氧债的能力。如体操、短距离游泳等项目所需要的耐力。有氧和无氧混合耐力是介于无氧供能和有氧供能之间的一种耐力。它的特点是持续时间长于无氧耐力，但短于有氧耐力。如散打、拳击、柔道及 800 米等项目所需要的耐力。

三、耐力素质发展的影响因素

影响耐力素质发展的因素是很多的，有生理的，也有心理的。耐力素质的发展主要受下列五个因素制约：

（1）最大摄氧量的水平。最大摄氧量是反映心肺功能的一项综合生理指标，也是衡量运动员有氧耐力水平的重要指标之一。在耐力周期性的项目中，运动成绩取决于最大摄氧量的大小。影响最大摄氧量的主要因素是肺的通气与换气功能、血红蛋白的含量及载氧能力、心脏机能、肌肉组织利用氧的能力、遗传、年龄、性别和训练等。在这里应当指出，虽然在耐力周期性的项目中运动成绩取决于最大摄氧量的大小，但是最大摄氧量并不是随训练水平的提高而能不断提高的。

（2）神经过程的稳定性。在正常条件下，神经过程的稳定性，以及在外部条件和有机体内环境改变的情况下，它们的可变适应能力，也是决定运动员专项耐力水平的最重要因素之一。在耐力项目中神经过程具有长时间的稳定性，将意味着神经机能对疲劳具有高度的抵抗能力。这种能力在运动的后段不仅直接影响肢体活动的稳定性，而且对提高物质代谢的调节能力也具有直接作用。

（3）红肌纤维的数量。肌纤维类型及代谢特点是决定有氧耐力的重要因素。其中人体骨骼肌中的红肌纤维是耐力素质的重要物质基础。红肌纤维的比例与最大摄氧量水平呈正相关。

（4）能源物质的储备量。人体内有很多种能源物质，尤其是糖原、游离脂肪酸的储备量，是决定耐力水平的重要因素。研究表明，体内糖原的储备量是制约肌肉运动耐力的主要因素。长期、系统的训练，可以有效改善机体能量供应系统的调节能力。

（5）意志品质的程度。提高耐力素质就必须克服疲劳的干扰，而克服疲劳的干扰则与克服疲劳的心理意志力的大小有高度的相关性。也就是说，意志品质程度越高，克服疲劳的动力越强，那么机体抗疲劳能力则越大。

四、耐力素质训练的基本方法

在实践中，根据有氧耐力和无氧耐力的发展需要，采用提高耐力素质训练的方法主要有持续训练法、重复训练法、间歇训练法和运动训练低氧训练法。这些训练方法都具有其各自的特点、变化形式以及独特的训练功能。

（一）持续训练法

持续训练法是指运动员以比较恒定的强度持续不间断地进行长时间练习的训练方法。该方法是负荷时间较长且负荷强度较低的运动项目的主要训练方法，尤其适合于长距离耐力项目运动员的训练。长期运用此法训练，可提高运动员的最大摄氧量、机体内游离脂肪酸储备水平，并且有助于提高体内有氧代谢能量物质的含量。

持续训练法进行训练时应注意：对于爆发力项目的基础练习不能过多使用，否则易使肌肉的白肌纤维红肌化；对于提高 1 分钟内高强度持续工作的耐力水平价值不高，不易提高强度。

变速训练是持续训练法的主要变化形式，该方法是指在相对较长的时间里，根据训练计划在连续的各段距离内变化跑速的训练方法。采用该方法有利于提高运动员最大摄氧量水平。这种方法被广泛应用于中长距离项目运动员的训练中。

（二）重复训练法

重复训练法是指按照一定的要求，多次重复同一练习，两次（组）之间安排相对充分休息的练习方法。通过重复练习，能提高运动员的身体训练水平，巩固和提高运动技战术，并培养其顽强的意志品质。

重复训练法的特点是：每次练习的动作结构、要求和负荷不变；每次练习的负荷强度较大，达到运动员所能承受最大强度的 90% ~ 100%，即接近或达到比赛的强度；每次练习后的休息时间不固定，以机体得到充分休息、达到基本恢复为准（一般应恢复到心率每分钟 110 次以下）。运用此法时应根据训练任务、项目特点和运动员的具体情况，确定重复练习的距离、时间、次数、负荷强度和间歇时间。

采用重复训练法训练时应注意：不能过多地用于中时耐力的训练之中，否则易改变技术动作的规范性；对于心血管系统的训练价值偏低。

（三）间歇训练法

间歇训练法是指对多次练习的间歇时间做出严格规定，使机体处于不完全恢复状态下，反复进行练习的训练方法。该方法被广泛用于周期性运动项目和球类运动，以提高运动员心血管系统的机能，发展运动素质。此法按强度大小可分为小强度间歇训练法和大强度间歇训练法。

（1）小强度间歇训练法，亦称非强化间歇训练法。负荷强度在周期性项目中一般为本人最大强度的 60% ~ 80%，在非周期性项目中为 50% ~ 60%，负荷时间为 45 ~ 90 秒钟。目的是提高机体的无氧和有氧混合代谢能力，发展专项耐力。

（2）大强度间歇训练法，亦称强化间歇训练法。负荷强度在周期性项目中一般为本人最大强度的 80% ~ 90%，在非周期性项目中为 80%，每次负荷时间为 15 ~ 60 秒。目的是提高机体的无氧代谢能力，发展速度和速度耐力。

间歇训练法的特点是：负荷与休息交替进行，严格规定休息时间，在机体未完全恢复（心率为每分钟 120 ~ 140 次）时即进行第二次（组）练习；每次练习时间不长，强度根据训练要求，可达到或超过比赛强度，也可为小强度，一般负荷时心率应达每分钟 160 ~ 180 次，最大时为每分钟 200 次以上；采用积极性休息，如走、慢跑等。

采用间歇训练法进行训练时应注意：对初级运动员不宜过多采用；负荷量不易掌握，倘若运用失当，易发生速度障碍，这主要因为间歇训练法是在不充分恢复的基础上进行每次练习。

（四）低氧训练法

低氧训练法是在高原训练的研究和应用基础上发展起来的。它是指利用自然环境或人工办法创造人体减少正常摄氧量水平的条件下进行训练，刺激有机体更显著的变化，以提高运动员体能的练习方法。低氧训练有两种典型的方法，即高原训练和呼吸障碍训练。低氧训练既可以通过低氧运动提高机体氧运输和利用能力，又可以通过低氧运动提高心肺功能。它避免了高原训练时由于缺氧造成的训练强度和训练量的下降、疲劳恢复减慢等弊端，并且在低氧环境下可以获得有益的生理适应（诸如血红蛋白提高），还可以增大训练强度和训练量。因此，低氧训练不仅能达到高原训练的效果，而且避免了高原训练的不足。

不过在选择该方法进行训练时应注意：对于心脏功能一般、训练水平较低的运动员不能运用此法训练，需要较完善的医务监督辅以训练诊断，否则容易出现训练事故。

五、耐力素质的评定与训练负荷的安排

（一）有氧耐力的评定与训练负荷的安排

1. 有氧耐力评定

关于评定有氧耐力的方法很多，不过经常采用的方法是定距离的计时位移运动，如 400 ~ 3000 米游泳、1500 ~ 10000 米跑、5000 ~ 10000 米划船等；还有定时记距离的 12 分钟跑等。

2. 有氧耐力训练负荷安排

有氧耐力训练的负荷安排，应体现以有氧供能为主、无氧代谢为辅的特点；应该以提高机体糖原储备量、糖的有氧分解能力、最大吸氧量、游离脂肪酸含量及其氧化能力为目的。

有氧耐力训练的负荷强度属于中等或中偏低，心率可控制在 145 ~ 170 次 / 分。每次练习的持续时间要根据训练强度而定，当心率为 160 ~ 170 次 / 分之间时，持续时间多为 8 ~ 15 分钟不等，间歇时间充分；当心率为 145 ~ 160 次 / 分之间时，练习的持续时间多为 15 ~ 30 分钟不等，间歇时间充分。在有氧耐力训练中，练习的负荷性质应该是有氧负荷性质，但负荷过程可以穿插无氧代谢训练的安排。

有氧耐力训练的组织方法主要采用发展性间歇训练法；当进行运动强度要求相对较高的有氧耐力训练时，可采用强化性间歇训练法。

（二）无氧耐力的评定与训练负荷的安排

1. 无氧耐力评定

评定运动员机体无氧代谢水平的方式可采用持续 1 分钟的练习作为评定指标，例如 400 米跑。

2. 无氧耐力训练负荷安排

无氧耐力训练负荷的安排应体现出氧债高、乳酸量大、心率快的无氧供能特点，以提高肌糖原、血糖、无氧酵解能水平及机体抗氧债能力为目的。为此，无氧耐力训练负荷的持续时间往往为 60 秒钟左右或稍长但不超过 2 分钟；练习的次数则因训练水平、强度变化而变化，其练习总次数的确定多以最后一次练习的强度不低于最高强度的 80% 为依据。各次练习的间歇时间安排，可以按机体充分恢复或不充分恢复两种方式考虑。不过，其练习过程应引起强烈的无氧代谢反应。

无氧耐力训练对初级运动员来讲，其训练负荷的强度应先安排在中等或较高强度上。其目的是综合发展无氧耐力所需的有氧耐力基础，提高肌肉的含氧量及心血管系统功能；随后逐渐缩短持续负荷时间，提高负荷强度，增加负荷次数；最后，转入主项练习的负荷安排上。

无氧耐力训练的组织方法为：对初级运动员而言，应以重复训练法为主，间歇时间以充分恢复为安排原则；对训练有素的运动员或高级运动员，其练习方法的安排较为复杂，但多为重复训练法、强化性间歇训练法和比赛训练法。

（三）有氧和无氧混合耐力训练的评定与训练负荷的安排

1. 有氧和无氧混合耐力训练评定

800 米跑是一种有氧无氧跑的典型项目，因此，可采用 800 米跑练习作为运动员有氧和无氧耐力的评定指标。

2. 有氧和无氧混合耐力训练负荷安排

有氧和无氧混合耐力训练负荷安排应体现出明显的有氧、无氧代谢混合供给的特点，以提高肌、肝糖原水平和糖的有氧、无氧分解能水平。有氧和无氧混合耐力负荷安排比较复杂，其比赛负荷持续时间为 1 ~ 8 分钟不等，负荷时间的强度变化为动态方式，负荷强度所跨过的级别较多，因此须具体问题具体分析。

当有氧和无氧混合耐力的比赛负荷接近有氧耐力项目的性质时，其负荷性质就越接近于有氧代谢负荷的级别。总的说来，其强度安排多为中等或较高强度，适当进行较高强度的短时间、短间歇的负荷训练。当有氧和无氧混合耐力的训练负荷接近比赛负荷强度时，持续时间愈接近无氧耐力项目的性质，其训练的负荷性质就会愈接近于无氧代谢的负荷等级，即负荷强度应以无氧耐力负荷的强度为主。每次负荷持续时间多为 2 ~ 5 分钟，适当进行短时间、高强度、短间歇的负荷练习，总有效负荷时间为 20 ~ 45 分钟不等。

有氧和无氧混合耐力训练的组织方法比较复杂，所有耐力训练方法都适用于发展有氧和无氧混合耐力水平。不同的是，不同训练水平的队员采用的训练方法各有侧重而已。一般来说，间歇训练法更具有广泛的适用性。

对于初级运动员来讲，有氧和无氧混合耐力的提高应以发展有氧代谢能力为基础，逐步向混合代谢过渡。

六、耐力素质训练的要求

（1）耐力训练应以发展有氧耐力为基础，以提高混合代谢供能能力和无氧代谢能力为训练目的。同时，应根据运动项目的特性和训练计划确定训练重点。

（2）在耐力训练中所包含的运动项目种类繁多，所采用的训练方法及手段各有不同，因此，必须仔细分析、认真规划、科学安排运动负荷。

（3）在一些非周期性运动项目的耐力训练中，由于负荷强度、运动形式以及能量供应方式经常处在不规律的变化之中，因此，耐力训练应当与技术训练高度结合。这样既有利于提高专项耐力水平，又确保技术动作在长时间的操作过程中具有稳定性。

（4）在运动比赛中，不同耐力素质是以不同能量供应形式为基础的。要提高无氧耐力水平，就必须提高人体的无氧代谢能力；要提高有氧和无氧混合耐力水平，就必须提高有氧、无氧混合供能的能力；要提高有氧耐力，就必须提高糖原，尤其是游离脂肪酸的有氧分解能水平。因此，要想使耐力素质在比赛中发挥出来，那么平时的耐力训练就必须遵循能量代谢系统规律的基本原则。

第四节　柔韧素质训练

一、柔韧素质的基本概念

柔韧素质是指人体各关节活动范围的大小、肢体运动的幅度和肌肉、肌腱、韧带等软组织的伸展能力。系统地提高或保持柔韧素质，对于改进技术质量、提高运动成绩和预防运动伤害具有重要作用，是运动训练过程的重要组成部分。

二、柔韧素质的主要分类

柔韧素质分为一般柔韧素质和专门柔韧素质。一般柔韧素质是指机体中最主要的那些关节活动的幅度，如肩、髋、膝等关节活动的幅度，这对任何运动项目都是必要的；专门柔韧素质是指专项运动所需要的特殊韧性，是掌握和提高专项运动技术必不可少的重要条件之一。

三、柔韧素质发展的影响因素

（1）关节的骨结构。关节的骨结构是由遗传因素决定的。不同的骨结构决定着不同骨关节活动范围的最大限度。构成关节的两关节面相差越大，关节活动幅度就越大，表现为柔韧性就越好。训练无法改变结构，只能使人体柔韧性水平接近骨结构固有的最大限度。

（2）神经过程转换的灵活性。神经过程兴奋与抑制转换的灵活性也会影响柔韧素质。灵活性好，神经系统对肌肉收缩与放松的调节能力就强，使肌肉紧张与放松的交替变换的协调性好。

（3）外环境温度的适宜性。外环境温度直接影响人体体表温度，而人体体表温度的适宜度对柔韧素质的充分体现具有十分明显的作用。因此，柔韧性练习前，适当地做好准备活动，使体表温度升高，将有助于柔韧素质训练，亦可防止肌肉拉伤。

（4）关节周围组织的伸展性。关节周围韧带、肌肉、肌腱等组织的伸展性越好，关节运动幅度就越大，柔韧性就越好。体育训练主要是通过增加关节周围组织的伸展性来提高关节的柔韧性。

四、柔韧素质训练的基本方法

关节活动幅度的改变主要是通过提高关节韧带、肌腱、肌肉的伸展性和弹性的手段获得的，而伸展性和弹性的提高主要是施加拉力作用的结果。因此，柔韧素质训练的基本方法是对身体及各个环节的拉伸。柔韧素质的训练方法可分为静力拉伸法和动力拉伸法两种，在这两种方法中又有主动拉伸和被动拉伸两种不同的训练方式：

（1）动力拉伸是指通过多次重复某一拉伸动作练习，使肌肉、肌腱、韧带等软组织逐渐地被拉长。近年来人们发现，由于动力拉伸会激发人体神经－肌肉的牵张反射机制，下意识地造成被拉肌肉的紧张或拉伤肌肉而影响练习效果，所以运动专家更多地建议人们采用静力拉伸法进行练习。

（2）静力拉伸是指通过缓慢的动力拉伸，将肌肉、肌腱、韧带等软组织拉长，当拉长到一定程度时保持静止不动，使这些软组织受到拉长的持续刺激。

五、柔韧素质的评定与训练负荷的安排

（1）柔韧素质的评定。测量与评定柔韧素质通常采用的方法是用直尺、皮尺、量角器等工具直接测量关节活动的最大幅度。柔韧性测量的指标是角度和距离。例如测量肩关节活动幅度时，可采用手持木棒转肩测量，测出两大拇指的间距，间距越小，肩关节活动幅度就越大，柔韧性越好。

（2）柔韧素质训练负荷的安排。柔韧素质的训练都是以低强度进行的。负荷强度的度量指标不同于其他素质，多以幅度指标说明。柔韧素质练习的负荷强度的幅度指标均以最大幅度为标准。在此强度下，机体自我感觉应是肌肉具有一定的麻木感即可。一次课的

负荷量最多约为 50±20 次，具体次数应根据关节的不同特点，确定适宜的练习次数。如髋关节需多，踝关节则少。动力性练习，每组练习次数为 10 ~ 12 次即可。在做静力性练习时，每组持续时间为 15 ~ 30 秒钟。另外，练习中的间歇时间，应保证运动员完全恢复。间歇时间应安排肌肉放松练习，使关节得以充分放松。

六、柔韧素质训练的要求

（1）柔韧训练要与力量训练适当结合。这样不仅可以保证两种素质同时增长，更重要的是还可以避免和消除两者之间的不良转移。力量训练后要十分注意放松练习，以使肌肉柔而不软、韧而不僵。

（2）柔韧素质训练应经常练习。柔韧性的发展比较快，易见效，可是消失也快，一旦停止训练的时间稍长一些，柔韧素质就会消退。因此，柔韧素质训练要经常进行，特别是专门柔韧素质训练更需如此。

（3）柔韧素质训练应以专项要求为准。柔韧素质的最佳发展程度，不能以运动员争取达到骨骼装置确定的最大限度为原则。对多数运动项目来讲，柔韧素质发展到能够满足专项技术的需要即可。倘如发展过度，则会引起肌肉失去弹性的不良后果。

第五节　灵敏素质训练

一、灵敏素质的基本概念

灵敏素质是指在各种突然变换的条件下，运动员能够迅速、准确、协调地改变身体运动的空间位置和运动方向，以适应变化着的外环境的能力。

灵敏素质是一种重要的运动素质。衡量灵敏素质的标志主要是快速性、准确性、协调性和应变性。其中，快速性主要反映在运动员的反应速度、判断速度、动作速度、爆发力等因素上；准确性主要反映在运动员时空判断、本体感受、肌肉用力的准确性上；协调性主要反映在运动员的平衡能力、模仿能力、技能储备数量等因素上；应变性主要反映在运动员能应对各种外环境的突然变化，具有较高预判能力和应付能力。①

灵敏素质的发展对运动员学习、掌握、提高运动技术，创造高难技术动作具有十分特殊的作用。高度灵敏性不仅可以使运动员在激烈的比赛中做出假动作，而且还可以提高运动员自我调节避开外界干扰的能力，从而能减少潜在受伤的可能性，提高运动成绩。

① 李楠，赵平．促进大学生全面发展的体育拓展——评《大学生身心拓展训练》[J]．当代教育科学，2015，（07）：67.

二、灵敏素质的主要分类

灵敏素质可分为一般灵敏素质和专项灵敏素质两类：

（1）一般灵敏素质是专项灵敏素质的基础，一般灵敏素质的好坏对专项灵敏素质的发展具有至关重要的意义，尤其是对变化繁多、对抗激烈的运动项目影响更大。

（2）专项灵敏素质是专项技术形成、熟练、运用的基础。通常，以提高一般灵敏素质为目的的训练手段都具有广泛性、普遍性和非技术性特点；以提高专项灵敏素质为目的的训练手段则具有专门性、特殊性和技术性特点。

一般灵敏素质是指在完成各种复杂动作时所表现出来的适应变化着的外环境的能力；专项灵敏素质是指根据专项所需要的与专项技术有密切关系的，以及适应变化着的外环境的能力。

三、灵敏素质发展的影响因素

影响灵敏素质发展的因素主要如下：

（1）时空判断能力。运动员对时空快速、准确的判断能力是决定灵敏素质水平的心理基础。运动员的时空判断力强，灵敏素质在时空上所表现出来的准确性就高；时空判断力差则反之。

（2）其他运动素质发展水平。灵敏素质是运动员力量、耐力、速度、柔韧及协调性等运动能力的综合表现。其中任何一种素质能力较差，都会对灵敏素质的提高造成不利影响。因此，系统地提高基本运动素质，会使灵敏素质得到发展。

（3）神经过程的灵活性。大脑皮质神经过程的灵活性是决定灵敏素质水平的神经基础。神经过程灵活性高，兴奋与抑制过程转换速度快，神经系统对人体肌肉收缩、放松时机、用力程度的控制能力就高，动作的快速性、准确性和协调性就容易体现。

（4）气质类型的影响。气质上属于多血汁及其亚型的人，大多数都具有较强的灵敏性。因为具有该类气质类型的运动员感受性低、耐受性较高，具有可塑性和外倾性。情绪高、反应快，许多对抗性项群的优秀运动员都属于该类型气质，其原因多是如此。

（5）动作结构的合理性。灵敏素质主要体现在动作的快速、准确、协调性上。动作结构的合理与否，对其动作的速度能否充分发挥影响甚大。因此，动作结构的合理性应体现符合解剖学、专项技术、生物力学的要求。

四、灵敏素质训练的基本方法

在实践中，发展灵敏素质通常采用下列三种训练方法：

（1）综合训练法。综合训练法是指将若干或全部影响因素的各类动作作为单元编排一起，在突然变化的条件下，让运动员迅速做出相应变化的组合排列方式的训练方法。综合训练法对运动员提高灵敏素质的应变能力，熟练掌握各种运动技能有一定的帮助。

（2）因素训练法。因素训练方法是指根据灵敏素质结构中各类因素对灵敏素质的影响程度，从各影响因素人手，有针对性地逐项进行训练或进行主项因素的训练，以达到在总体上提高灵敏素质目的的方法。因素训练方法的内容因素是反应速度、判断速度、动作速度、速度力量、时间判断力、空间判断力、平衡能力、模仿能力、形象思维力和下肢脚步各种起动、移动、制动速度等。同时包括躯干各种转动、屈伸动作的合理性和上下肢、躯干的协调性动作。

因素训练方法的特点是：有利于提高灵敏素质弱项因素水平；训练内容的层次性清楚，目的性具体，便于全面提高影响灵敏素质的诸因素；容易确定灵敏素质发展模式，以便客观检查、评价灵敏素质的发展状况；可以有系统地综合训练，并易使基本素质有机转移在综合性灵敏素质上。

因素训练方法的运用对教练员的要求较高，如果教练员没有丰富的专业理论与扎实的系统思想，那么在实践中就很难根据各种影响因素，选择有针对性的训练手段。

（3）游戏训练法。游戏训练法是指采用形式多样、内容活泼、趣味性强的游戏形式进行练习的方法。游戏训练法可以激发运动员的高昂情绪，提高练习的积极性，可以有效地培养运动员的主动性、创造性及应变能力。

五、灵敏素质的评定与训练负荷的安排

（1）灵敏素质的评定。评定灵敏素质的方法很多，如立卧撑测试、象限跳测验、滑步倒跑测验、十字变向跑及综合性障碍等。

（2）灵敏素质训练负荷的安排。发展灵敏素质主要采用变换训练法。训练强度一般较大，速度较快。练习次数不宜过多，训练时间不宜过长，一般在 20 ~ 30 秒内。因为机体疲劳力量就会下降、速度变慢、反应迟钝，不利于灵敏素质的发展。每次练习之间应有足够的休息时间，以保障氧气的补充和肌肉中高能物质的再合成。但如果休息时间过长，又会使神经系统的兴奋性下降，一般练习时间与休息时间可为 1 ∶ 3。

六、灵敏素质训练的要求

灵敏素质训练要安排在训练课的前半部分运动员体力充沛、精神饱满时进行。在进行灵敏素质训练时，教练员应采用各种手段，消除运动员的恐惧 ^ 理或紧张状态，以保证训练取得良好的效果。

第六节　身体形态训练

身体形态特征作为预测人体最大运动潜力的重要因素之一，是运动中取得优异成绩的重要保证。项群训练理论体系的建立，很大程度上打破了对固有运动项目界限的束缚，有利于探索和研究跨项的规律性，分辨各项目的共同点和差异点，深刻认识其本质属性和固有规律，同时对于各种训练方法的相互借鉴和移植、提高专项训练水平起着重要的作用。

一、身体形态的概述

（一）身体形态的概念及结构

一定的身体形态在一定程度上反映着相应的生长发育水平、机能水平和竞技能力水平，它与运动成绩具有密切的内在联系，也是运动选材的一个重要内容。身体形态是指人体外部与内部的形状特征。反映外部形态特征的指标有高度、长度、围度、充实度等；反映内部形态的指标有心脏纵横径、肌肉的形状与横断面等。①

（二）身体形态在体能中的重要意义

身体形态对身体素质有影响，一定的身体形态在一定程度上反映着相应的生长发育水平、机能水平和竞技能力水平。

（1）体能主导类速度性项群。此类项群在身体形态上表现出的共同特征是：身体健壮、体型匀称、肌肉丰满、膝踝关节围度较小、骨盆宽度适中、臀部肌肉向上紧缩、跟腱细长且清晰、足弓明显等。

（2）体能主导类耐力性项群。此类项群运动员身体形态的特点是：身高中等、腿较长、脂肪较少、体重较轻等。

（3）体能主导类力量性项群。此类项群的跳跃、投掷、举重等项目运动员在身体形态上的表现各有不同。跳跃项目要求运动员身体修长、下肢占身高的比例大、小腿相对较长、踝围相对较小、跟腱较长。投掷项目运动员的身材表现出大型化的趋势，指间距一般可超过身高 5 ~ 15 厘米，肌肉发达，世界优秀男子铅球运动员的克托莱指数（体重 / 身高）×1000）在 610 ~ 640，铁饼运动员略低一些，标枪运动员更低；对运动员的肩宽和躯干肌群要求很高，躯干呈桶形；手长也是投掷运动员的重要特征。举重运动员的体型特征是身材较矮、四肢发达有力、肩宽、手指长等。

（4）技能主导类表现难美性项群。此类项群运动员体型特征是：五官端正、身体匀称、女子颈部略长、锁骨和肩胛骨较平、手臂较直、四肢稍长、小腿长于大腿、跟腱细长清晰、踝关节略细、膝关节平直、手脚大、骨盆狭窄、臀部肌肉向上紧缩、肌肉呈条形。

（5）技能主导类表现准确性项群。此类项群对运动员体型要求为：身体正常而均匀，

---

① 刘振明，高国强 . 应用型本科院校创新人才培养中公共体育课程建设研究 [J]. 山东体育科技，2019，41（3）：66-69.

中胚型居多。射箭和射击运动员在体型上没有明显的要求，但不同单项对运动员要求有所不同。如手枪运动员要求臂短一些，手大指长。而步枪运动员要求臂长一些，臂展等于或者略超过身高。射箭运动员则要求臂展比身高略长同时要求手大指长，以利于开弓时的直线运动。

（6）技能主导类格斗对抗性项群。此类项群要求运动员有较长的四肢和较高的身高，身高和体重保持恰当的比例。四肢较长和身高较高的击剑运动员可获得有利于接触场上对手的优越条件。而摔跤和拳击运动员则要求肌肉发达有力和四肢较长。

（7）技能主导类同场对抗性项群。此类项群运动员身体形态特征可概括为身材高大，轮廓大、手大、脚大；手臂长、小腿长、腿长；臀部小、踝围小。

（8）技能主导类隔网对抗性项群。此类项群中各项目运动员体型有所不同。例如，乒乓球运动员体型要求身材匀称、体重适中、腰短、手臂略长、足弓深等。排球运动员要求身材高、四肢较长而坐高相对较短、皮质层薄、体脂肪量小、去脂体重及体质密度大，臂长、上臂围松紧差大、手较宽，盆骨相对较窄，小腿长、踝围细、跟腱长、足宽而不长。

二、身体形态训练的要求

（1）根据不同专项特点安排身体形态训练。各个专项竞技能力的主导因素不同，而这些专项竞技能力又都对特定的身体形态具有一定的依赖性，因此，必须根据专项的需要及其对竞技能力的需求特点，安排相应的练习方法与手段。

（2）身体形态训练应注意遗传因素的影响。在身体形态的各项身体形态特征指标中，有的指标遗传度很高（如高度、宽度的指标）；有的指标遗传度则较小（如体重指标）。因此在选材时，应注重高度、长度和宽度等形态指标，而与肌肉有关的体重等充实度指标，则应更多地依靠后天的训练加以改善和提高。

（3）根据不同生长发育阶段的形态特征安排身体形态训练。人体在不同年龄阶段的生长发育有着不同的特征，一般是先长高度，后长宽度、围度和充实度。心脏发育过程中先加大心脏容量，后增厚心壁肌肉，与其相应的竞技能力的敏感发展期亦有不同，身体形态训练应与之相适应，不可颠倒。

（4）采用多种方法改善身体形态。影响身体形态的因素有很多，例如，饮食、气候等都会影响外部形态，因而身体形态的训练不仅要从训练的角度进行，而且也要注意其他手段与方法的应用，尤其要注意饮食和营养的控制。

三、身体形态训练的基本方法

（1）器械训练法。通过借助哑铃、木棒、实心球、体操凳、柔力球、呼啦圈等器械训练的方法叫器械训练法。这种方法有不同的训练内容与训练方式，可训练身体任何一个部位，能有效地影响运动员的身体形态。

（2）舞蹈训练法。舞蹈动作是经过提炼、组织加工的人体动作，其基本要素有动作的姿态、协调能力、明显的节奏等，对身体姿势的形成有特殊意义。

（3）任何一个专项训练手段对使身体形态向专项需要方向发展都有显著作用，几乎所有运动项目运动员身体形态训练基本上都是通过专项训练方法手段实现的。

（4）身体训练的各种方法对身体形态都有意义，可根据需要运用相应的训练方法。

第五章　大学生体育训练创新性研究

近年来，大学教育加快了教学改革步伐，大学体育训练创新是教学改革的重要内容。本章主要围绕微信辅助大学生体育训练实践、大学生开展野外体育训练的意义、大学生体育训练与睡眠质量的关系、拓展训练对大学生体育训练的影响展开论述。

第一节　微信辅助大学生体育训练实践探究

随着新兴媒体的发展和普及，以智能手机为平台的微信成了大学生日常沟通交流的必备工具。通过微信交流平台，利用文字、语音、图片、小视频等功能进行课下交流，与课堂教学互补，有利于消化所学知识，强化学习效果。便于及时指导学生掌握正确的训练方法，减少运动损伤，提高训练水平和身体素质。

微信以其特有的社交方式成为人们日常生活中必不可少的一部分。微信融合了微博和手机 QQ 的功能，具有通讯录、语音、视频、文字、等多种功能，极大满足了大学生生活、学习、交流等诸多需求，已经成为大学生生活中不可缺少的一部分。如何利用微信的多种功能辅助大学生课余训练，提高学生身体素质，是值得探讨的一个问题。

长期以来，体能课都是课堂老师讲学生练，课下学生自愿训练的模式，训练盲目性强、针对性不足、训练强度和训练量不能科学的把控，有时会出现了较多的运动损伤。鉴于此，以下将探讨利用微信功能辅导大学生体育训练的方法及优势。①

一、利用微信功能辅导大学生体育训练的方法

（1）采用群聊，个性辅导。教师通过课堂教学，了解学生实情，利用群聊中分组聊天的功能，将把某个项目比较差的学生或具有共性问题学生进行分组。例如：100m 提高群、障碍跑提高群等分组聊天群，有针对性进行辅导。

（2）师生互动，提高学生学习积极性。在课堂教学中，老师将示范动作和讲解内容拍成小视频，利用微信分享小视频，便于学生课下复习和重温课堂内容，课下巩固强化课堂知识。学生通过微信群提出一些问题，老师及时答疑，师生互动有利于学习和交流，增强学生学习的主动性和积极性，训练更有时效性。

① 唐瑞民，田文学 . 微信辅助大学生课余体育训练的实践研究 [J]. 广州体育学院学报，2018，38（05）：117-119.

（3）及时监控和督促训练。智能手机几乎都有健康训练记录软件，常用的如善跑、哟哈运动圈、奔跑帮、咕咚、悦跑圈等 APP 软件。这些软件都比较详细的记录每个人每天训练的公里数，脉搏、训练强度等内容。学生每天训练活动结束后，将数据传输到教师手机上，便于老师及时的监控。同时也是对学生训练的一种督促，及时发现问题及时解决问题。

二、利用微信功能辅导大学生体育训练的优势

（1）利用微信辅导课余训练，是课堂教学的延续和补充。是提高教学质量和训练成绩的重要手段，是大学改革课余训练的重要举措。利用微信平台，把传统教学与手机终端网络设备有机对接，搭建起老师和学生课下在线沟通的桥梁，拉近和学生的距离，提高教师的亲和力，把被动训练变为主动训练。

（2）利用微信及时进行信息反馈。微信进行信息交流沟通不受时间和地域限制，具有及时性特点。学生的问题可以随时在微信中交流，老师在线可以通过文字、图片、语音、小视频等形式及时解答，辅导具有针对性，提高了学习效率。

（3）利用微信对课余训练进行有效评价。大学管理不同于其他管理体制，大学老师堂上授课完毕后，很难监控学生课下训练情况，微信平台为教师较好地解决了这个问题。利用微信上的运动健康类 APP 软件进行数据传递，很容易监控学生课余训练。依据训练健康数据对学生课余训练进行评价，其评价结果计入学生考评成绩。

利用微信进行课余训练，使课堂由内而外延伸，使知识有理论到实践的拓展，使训练有掌握技能技巧到熟能生巧，使课堂授课与个性辅导有机结合。课上课下相辅相成，高效实效，事半功倍。

总之，利用微信指导学生课余训练弥补了传统体育训练的不足，既优化了教学资源，又提高了训练效果，既针对性地辅导学生，符合学生个体的发展需要。

第二节　大学生开展野外体育训练的意义

野外生存教育已逐渐进入大学体育教学活动中。把大学体育教学场地转变到野外中，通过学生与大自然的接触，来训练学生的身体素质，培养学生的野外生存技能及心理素质，是学生实现学习、生活和生存的可行性有效手段之一，也是各大学体育教学的发展方向。文章介绍了野外体育训练的内容、形式，并穿插详细讲解了的野外生存的技巧及应付对策。

在我国，本应是立体多样的场外实地训练的体育教育被浓缩为平面的课本内容。虽然，经过多年的教育实践，部分大学已有一定程度的改造，但在自然环境、野外环境下的课程教学仍未占据主流，体育课程资源集中在学校的现象仍未摆脱。而大学已是体育教育的最

后一站地，为了使得学生走进社会后有健康的体魄以及一定的野外生存的知识及技能，大学体育教育的重点应逐渐向野外教育方向倾斜。这也是大学体育教育的重点及发展趋势。

一、野外训练是学生学习、生活和生存的有效途径

野外体育训练应是大学体育教育的重点工作。大学体育教育的开展环境应该走向野外，因地制宜，充分利用森林、田野、湖海、荒原等自然环境；开展途径则是教师与学生切身参与，在实际示例中教师来引导与示范，从而传授给学生；开展的基本要点是教师要全面激发学生的主观能动性、积极性以及思维发散性，来适应不同的野外环境；而此项教育活动开展的目的则是在训练体魄的前提下，使学生掌握一定的野外生存的技能，比如辨认食物、辨别方向、搜索水源、就地取火等。最终，通过野外教育使得学生意识到生命的价值以及生存的意义，为学生今后的社会生活及生存打下良好的基础。

二、野外体育训练课的形式与内容技巧

（一）野外体育训练课的形式

不同的教学课程及教学主体，其教学方式也各不相同。为了符合学校教育的安全指数，大学野外教育必须有周到细密的组织形式，来确保学生的身体及生命不受损害。自发组织、社团俱乐部组织和体育部组织是当前大学野外生存课程的主要形式。

大学生自发组织野外体育活动也是大学体育教育的一种组织形式。但是学生自主组织野外活动存在很大的安全隐患。大学教师、学生都应加强安全意识，时时刻刻牢记安全第一。

相对于自发组织而言，社团俱乐部及体育部组织都是较为可行的途径。这两种组织形式均有特定的组织团体和负责人，还有完善的规章制度、配套设施、既定路线等，更重要的是参与者有一定的野外求存经验及技巧，一旦发生意外，可以及时采取一定措施抢救生命。同时，这两种组织形式还可以把兴趣、娱乐、交往、竞争、学习结合在一起，可充分发挥学生的积极能动性，激发学生的探索精神。

（二）野外体育训练课的内容技巧

为了确保野外情境下人员的安全保障，野外体育教育的教学内容应该丰富多样。

1. 传授野外活动常识及技能

野外体育教学活动应该传授基本的野外活动常识及技能。它包括以下四方面：

（1）穿着及必带物品的选择。颜色鲜亮、质地轻巧、保暖且防风防衣物及鞋子为首选。

（2）徒步行走要保持体力，上坡身体前倾，下坡双腿斜侧一定角度，平坦步行则应放轻脚步。

（3）借助自然现象辨别方向，掌握通过太阳、北极星、植物生长方向，指南针、腕表等工具来辨别方向，谨防野外迷失方向。

（4）收集、保存级过滤饮用水的技巧。根据日常生活常识，寻找水源。比如根据植物生长茂盛状况判断水源所处方位，以及收集草、树叶露珠，雨水、日夜温差形成的水分

等；收集完毕后通过，由木炭、土砂、石子组成的简易过滤器进行净化，方可通过漏斗状树叶引入密闭容器，留作饮用。其次，还应包含安全意识灌输及安全措施实施的教学内容。

2. 传授安全常识

安全工作也包含以下个不同的类别：

（1）营地选择应以安全为主。野营露宿地点应设置在地势较高、平整，但远离山谷、山洞等，以可避风遮雨、通风、靠近水源的地带最佳。

（2）远离蛇虫及其他野生动物。禁止因好奇心接近途中所遇动物，尤其是大中型野生动物，以防其突然袭击。

（3）辨别野外可食生物、保护中草药。野菜野果在确认安全后才可食用，不可因饥饿胡乱填食。

（4）掌握急救抢险技巧，要可应付蚊虫叮咬、昏厥、中毒、中暑等现象。

三、大学生开展野外体育训练的优势

（1）大学体育教育课程的开设能够训练大学生的体魄，增强体质素能。野外训练要求学生具有较高的体能基础，由此可刺激学生养成每日训练身体，正确的体育意识，以及健康的良好生活习惯。①

（2）野外训练教育作为一项团体运动，应注重每个学生的参与安全，充分发挥每个学生的主观能动性，及互相协作、团队主义精神。为学生日后走进社会打下集体主义思想意识的基础。

（3）大学野外体育教育也有利于大学生心理健康。首先，该项活动离不开队员的沟通，以及队员拼搏向上的探索精神。由此可增加学生之间的沟通与了解，也为平时心理障碍的学生提供一个自然的与集体相处的机会。其次，野外体育活动可以让学生感受到活动完成的艰辛、以及其中蕴含的拼搏向上的求索意识，可以激发学生珍爱生命的保护意识。

（4）大学野外教育课程还为学生提供了一个接触大自然，释放压力的机会。当今学生在社会的强节奏及高度压力下，野外体育教育可以让学生走进自然，呼吸新鲜空气，释放压力，愉悦放松心情。同时，与大自然的接触，还可以强化学生的生物学知识，及环保意识。

四、大学生开展野外体育训练的建议

大学野外体育教育是大学教育发展的方向及趋势，各大学应积极响应并且是开展各类型的野外生存教育活动。领导应从思想上高度重视，并做出详尽的执行计划及策略。教师，则要在保证学生健康及生命不受侵害的前提下，充分利用自然环境资源，一方面开发学生野外生存的技巧及能力，提高学生的身体素质；另一方面激发学生友好团结、拼搏求索、勇敢积极、珍惜生命的生活态度，为学生心理素质的发展起到正确导航的作用。

① 乔亚军．高校开展大学生野外体育训练的意义 [J]. 价值工程，2012，31（13）：200.

第三节　大学生体育训练与睡眠质量的关系

随着社会的不断发展，带动了社会各行各业的发展，与此同时，我国教育领域开启了崭新的一面，在大学生的教育开展中，将体育锻炼和大学生睡眠质量有机地结合到一起，从而促进新时代大学生全面发展。

新时代下，在我国经济水平不断提升的同时，带动了各行各业的发展，人们生活水平的提高，将更多的关注点转移到身体健康的问题上，但是在当代大学生当中，这一群体在对待健康的问题上并不在乎，在当今社会中存在着很多诱惑，大学生活轻松自由，他们将更多的时间放在怎样去娱乐中，引起当代大学生对待健康的态度和身心健康的发展，从而严重影响我国全能型人才的培养。①

新时代下培养德智体美劳全面发展人才是社会发展的需求，大学生在这个阶段正是身心发展的重要阶段，体育训练与大学生的睡眠质量关系密切。体育训练能够使人的大脑持续产生兴奋，并且不断地刺激神经末梢，促使人的各个器官能够保持灵敏状态，有利于改善大学生的睡眠质量问题。针对平时坚持体育训练的大学生，不仅在外表还是内心，都能彰显出一种十分自信阳光的气质，并且长时间坚持体育训练的人，身体中会分泌很多兴奋的神经递质，例如多巴胺，通过一定强度的训练之后，身体中分泌的多巴胺达到一定程度之后，就会将兴奋信号传达给大脑，大脑通过各个神经的传输，在保证身体各个体统正常运行的基础之上，同时提高了大学生睡眠质量问题。

当代大学生的日常生活在受社会很多干扰因素的影响之下，很多大学生对自身的身体健康重视度不够，在日常的生活中对体育训练不关注，通过对大学生的体育训练情况进行调查，经常进行体育训练的大学生在睡眠质量差问题上比不参与体育训练的大学生出现的比例要低很多，参加体育训练不仅能提高当代大学生的睡眠质量，并且能够提高学生身体的整体机能，针对当代大学生在体育训练的参与度，需要社会和学校的共同监管，从而提高新时代大学生身体健康水平。

第四节　拓展训练对大学生体育训练的影响

拓展训练就是一种最有代表性的体验式学习，它可以培养学生的团队协作能力和团队精神，和可以锻炼身体，提升学生的身体素质，所以现在的大学体育课中，多运用的是拓展训练。拓展训练进入课堂，以弥补传统学校体育的某些不足，从而培养出身心健康更加

---

① 袁媛．浅谈体育训练与睡眠质量的关系 [J]. 课程教育研究，2017，（24）：234-235.

全面的，有较强社会适应能力，有较强创新思维的人才，为学生以后走向社会打下基础。①

拓展训练又叫外展训练，它在字面意思被人们解释为一艘小船在暴风雨来临之际抛锚起航，开始未知的旅程，去迎接一次次没有未知的挑战。拓展训练起源于第二次世界大战，在那个时候一队船队遭到了袭击而沉船，但是生还者却不是那些善水性的船员，而是凭着坚定的意志力和团队合作存活了下来。所以通过观察发现活下来的人不是体能最好的，而是那些有着强大的心理和高强度的团结意识的，所以这逐渐演化成了拓展训练。随着社会的发展，人们逐渐接受了拓展训练，并进行了创新。拓展训练主要就是依靠团队里的人共同努力突破难关，所以团结是其中心思想，再经过坚持：懈的努力，克服困难进行团队协作力的训练。通过拓展培训，整合团队，发掘每个人的最大潜力，通过素质拓展，可以让学生更为融洽地与群体合作；学习欣赏、关注和爱护自然，促进学生的全面发展，为向社会输出全方位发展的人才打下坚定的基础。

拓展训练在大学体育训练中的优势，有以下几个方面：

（1）促进传统大学体育教学理念、方式等方面的创新和转变。随着社会的发展，教育的改革正在进行。现在老师更加注重对学生的尊重，将学生作为课堂的主体，一切以学生的全方面发展为重要前提。在大学体育传统的教学中可以发现，教师都是教授体育理论知识，通过讲授知识，而让学生了解相关体育知识和技巧，这样课堂的主体是老师。学生在老师讲完后也没有进行相关知识的实践，所以就导致课堂没有达到预想的效果。而进行素质拓展，充分体现了课堂以学生为中心，将课堂还给学生的理念。让教师在上课过程中及时对上课内容进行调整，在上课过程中，老师可以从容易到困难循序渐进，逐渐实现对学生身体和心理建设，提高学生的安全意识和课外经验等。老师要足够了解学生的体育基础和生活行为，积极制定符合学生的相关拓展活动，积极进行教育改革，增强学生的社交能力和自信心，为社会培养全方面发展的人才。②

（2）对大学体育教学内容进行丰富。在传统的体育教学中，教师的参与度过高，导致学生在课堂中只是一个听讲人，而没有过高的参与度。但是素质拓展会极大地改变这种情况，素质拓展会使体育课程多元化，增加学生对体育锻炼的兴趣，在课堂中利用学校的资源，开展相关素质拓展，激发学生对体育课的兴趣。

（3）为“快乐体育”及教学目标的实现奠定基础。让学生在课堂中感受快乐，已经是大学体育最重要的一点了。通过对体育课程的丰富，让学生在课堂中有愉悦感和自信心，从而能更好地进行体育锻炼，感受自己坚持带来的快乐。素质拓展可以让学生在完成一系列训练后，让学生感受到通过自己的努力获得成功的快乐。拓展训练还可以让学生感受的团队合作的重要性，激发学生的团队合作精神，提高学生的综合素质。

① 秦曼，董海军．体育拓展训练对大学生人际交往和人际信任影响的研究 [J]. 沈阳体育学院学报，2017，36（3）：89-92.

② 汪选合．拓展训练对大学体育教学的作用及其影响 [J]. 当代体育科技，2019（17）：90-91.

（3）对学生的自主性和创造性进行充分发挥。拓展训练可以增强学生的创造能力和自主性，让学生能更好地适应社会。通过拓展训练，老师利用相关教具，对学生展开训练，提高学生对训练的积极性，让学生化被动为主动，增强对运动的积极性，为走出学校，迈向社会做出基础。

拓展培训具有一定的难度，表现在心理素质的考验上，需要学生向自己的能力极限挑战，跨越心理极限，从而更好地面对工作与生活的挑战。还可以增进对团队的参与意识和责任心启发想象力与创造性；提高解决问题的能力并学会欣赏其他人。总而言之，在大学体育中开展拓展训练是一样非常有意义的课程体系，它为培养全方面发展的人才做出了极大的贡献。

参考文献

一、著作类

[1] 刘克军，孙雷鸣．运动训练 [M]. 北京：人民体育出版社，2008.

[2] 肖涛，孔祥宁，王晨宇．运动训练学 [M]. 重庆：重庆大学出版社，2016.

[3] 周美如，杨杰夫．大学生体育 [M]. 杭州：浙江大学出版社，2013.

二、期刊类

[1] 常益，常大军．新时代大学生社会化进程中学校体育的价值审思及实践途径 [J]. 沈阳体育学院学报，2019，38（3）：126–131.

[2] 常益，张姝．健体育魂：大学体育课程的思政教育转向研究 [J]. 体育文化导刊，2018，（6）：136–141.

[3] 陈洛嵩，畲梓航．使用智能手机运动软件对大学生体育锻炼态度、行为习惯的影响——基于计划行为理论的解释与质疑 [J]. 广州体育学院学报，2019，39（3）：105–107，67.

[4] 戴晓敏．大学体育选修课引入野外生存生活训练的策略 [J]. 中国成人教育，2007，（15）：134–135.

[5] 公黎斌．大学体育开展拓展训练课程教学的探索 [J]. 继续教育研究，2010，（11）：108–109.

[6] 侯超文．大学生体育训练意识增强分析 [J]. 当代体育科技，2019，9（07）：50+52.

[7] 黄美蓉，丁三青．我国大学生体育生活化困境原因探析 [J]. 继续教育研究，2018，（4）：116–120.

[8] 黄美蓉，张艳平，SUN Haichun. 基于社会生态模型的我国大学生体育生活化促进机制研究 [J]. 天津体育学院学报，2019，34（1）：14–22.

[9] 姜志明，王涛．新时期中国大学体育的困惑、问题和思考 [J]. 山东体育学院学报，2018，34（2）：107–111.

[10] 李克雷，于学峰．大学体育教学中训练的重要性分析 [J]. 当代体育科技，2014，4（01）：11–12.

[11] 李楠，赵平．促进大学生全面发展的体育拓展——评《大学生身心拓展训练》[J]. 当代教育科学，2015，（07）：67.

[12] 李曙刚，陈庆合，赵华恩，等."健康中国"战略背景下新型体育教师的培养[J].体育学刊，2019，26（3）：96-100.
[13] 李一良.高校体育管理新策略——评《高校体育管理研究》[J].领导科学，2019，（07）：129.
[14] 刘振明，高国强.应用型本科院校创新人才培养中公共体育课程建设研究[J].山东体育科技，2019，41（3）：66-69.
[15] 罗峰，赵亮，辛阳.大学体育拓展训练对大学生社会适应及心理健康的作用[J].教育与职业，2011，（3）：187-188.
[16] 马爱民，颜军，傅建，等.体质健康测评与大学男生主观锻炼体验及锻炼行为研究[J].中国健康教育，2019，35（1）：50-53.
[17] 牟柳，董小玉，田广.体育用地对体育产业发展的影响研究[J].西南大学学报（社会科学版），2019，45（3）：54-61.
[18] 倪伟，呼德.利用新媒体提升高校体育教学的实效性——评《体育与健康基础理论教程》[J].新闻与写作，2019，（02）：115.
[19] 牛小洪.我国大学体育教学基本模式研究——评《大学体育教育教程》[J].当代教育科学，2017，（11）：97.
[20] 乔亚军.高校开展大学生野外体育训练的意义[J].价值工程，2012，31（13）：200.
[21] 秦曼，董海军.体育拓展训练对大学生人际交往和人际信任影响的研究[J].沈阳体育学院学报，2017，36（3）：89-92.
[22] 史晓红.项群训练理论与大学体育教学内容的构建[J].江西教育科研，2007，（11）：83-84.
[23] 舒刚民.大学体育"立德树人"的时代审视[J].体育学刊，2018，25（4）：7-13.
[24] 宋法明，崔进.大学生运动风险感知现状及对其体育消费的影响[J].西南师范大学学报（自然科学版），2018，43（12）：130-138.
[25] 唐瑞民，田文学.微信辅助大学生课余体育训练的实践研究[J].广州体育学院学报，2018，38（05）：117-119.
[26] 汪选合.拓展训练对大学体育教学的作用及其影响[J].当代体育科技，2019（17）：90-91.
[27] 王家宏，鲍明晓，谭华，等.聚焦改革开放40年：中国体育改革与发展的思考[J].体育学研究，2018，1（6）：64-73.
[28] 王坤，孙开宏.体育学习中内隐观念与自我妨碍之间关系：成就目标的中介作用[J].武汉体育学院学报，2019，53（3）：45-49，57.
[29] 吴宾，姚蕾，仇军.大学生体育素养培育模式的实证研究——以天津工业大学为例[J].

体育学刊，2019，26（3）：121–127.
[30] 席小平 . 浅析体育训练对大学生心理健康的影响 [J]. 当代体育科技，2017，7（27）：52+54.
[31] 辛娟娟 . 校园文化体育氛围对大学生体育意识的养成 [J]. 高教探索，2018，（5）：123–128.
[32] 徐素华 . 洛克教育哲学对我国大学传统体育教学思想的影响 [J]. 黑龙江高教研究，2018，（10）：158–160.
[33] 徐晓艳 . 大学院校公共体育课程与教学存在的问题及对策——兼论《大学体育》[J]. 染整技术，2018，40（10）：116–117.
[34] 徐早 . 大学生体育训练中兴趣培养路径探究 [J]. 运动精品，2018，37（12）：12–13.
[35] 薛原，赵利润 . 大学生情绪调节能力结构与体育锻炼的关系研究 [J]. 广州体育学院学报，2018，38（4）：112–115.
[36] 袁媛 . 浅谈体育训练与睡眠质量的关系 [J]. 课程教育研究，2017，（24）：234–235.
[37] 张静，董宝林，张欢 . 道德认同、道德推脱、自我定向对大学生体育学习偏差行为影响的实证研究 [J]. 山东体育学院学报，2019，35（3）：98–107.
[38] 张禹，王忠勇，赵建 . 普通高校开设课外体育锻炼限选课程的开发实验 [J]. 山东体育科技，2018，40（6）：75–78.